TOEICテスト
650点突破!
文法講義の実況中継

長本 吉斉 著

GOGAKU SHUNJUSHA

はじめに

　はじめまして。私，TOEIC®test & TOEFL®test特化型専門校AREを主催している長本と申します。この本を手に取っていただき，ありがとうございます。

　私は，特別な学歴があるわけではなく，また有名MBAを持っているスーパーな人間でもありません。ただひたすら，この15年間，TOEICとTOEFLに特化した学校を地道に営み，多くの生身の「英語をやらなければならなくなった人たち」，「TOEICで一定のスコアーを取らなければならない人たち」と直に接し，指導に専念してきた人間です。今，あなたがこの本を手にとっているこの時間も，私は淡々と授業をやっているかもしれません。私は，「本当はTOEICなんてほとんど教えていないのに，出版社に頼まれて，とりあえずTOEICを研究して，（こんなもんかな）とTOEIC対策本を書いている人間」ではありません。

　この10年，多くの英語学校が，破綻したり撤退したりする中，当校は小さいながらも生徒さんからの支持に支えられて，ここまでやってこれました。幸い，当校を卒業された生徒さんの多くは，それぞれに社内昇進したり，転職に成功したり，また留学，海外転勤されたりしています。

　本書は，そのような日々の地道な活動の中で，**特に文法，語法に絞って，TOEICで650点取るために最低限必要な**

ことは何かを解説した授業を元に作成されたものです。ですので，余分なところは省いているつもりです。

　一例を挙げると……と言いたいところなのですが，敢えてここでは控えておきたいと思います。理由は，これまで私が「こういう問題は出ない」と書いたところの多くが，その後，出題されるようになったことがあるため，かえって読者のためにならないと考えるからです。

　また，この本の中では，「ここはこのように出題される」と断言している部分もあれば，「どのように出されるか一概には言えない」としている部分もあります。TOEICというテストは，同じ「出る項目」であっても，はっきりとした傾向があるパートもあれば，あいまいだったり，また近ごろは激減（または激増）している項目があったりと，さまざまだからです。そういう意味で**本書は現実路線をいく本**です。

　さらに，文法問題というのは，重箱の隅を突つこうと思えばいくらでもできますし，今後そのような問題が新たに作成され，本番の試験で出題される可能性もあります。が，そのときは，この本がTOEIC問題作成者によって研究されたのでは？　と思ってください（笑）。

　私の学校には，ほぼ毎日，生徒さんが通ってこられます。必然的に私は，毎日，TOEICのために懸命に勉強を続けている多くの社会人，学生さんたちと直接会ってお話ししたり，メール交換をしたりする機会がふんだんにあります。

　ですから，彼らがどんなところでつまずき，**どんなところで足踏みしているのか**，手に取るようにわかっています。

はじめに

　多くの生徒さんは，英語に少しばかり（中にはものすごく）苦手意識を持っています。この本によって，そのような意識が振り払われ，面倒なTOEIC対策が，**アプローチの仕方，指導方法によっては，意外にも結構楽しいじゃないか**，と少しでも感じていただければ，とてもうれしいです。

　最後に本書が世に出る過程において，存分のご支援をいただいた語学春秋社の山本陽子主任（頻繁な相談に常に丁寧にお付き合いいただき本当に感謝です），前田和治編集部長（期待をかけていただけただけで感激です），そしてARE講師陣，並びに校正に参加していただいた生徒のみなさん——笑いのセンス抜群の長谷川香織さん，独創性豊かな田中建行さん，入校して早々に積極性を見せていただいた鷹林正哉さん，ぐいぐい伸びている永島卓也さん，激務の中，常に励ましていただいた吉岡鋭さん，軽井沢からファイト通学の小野真希代さん他，ご協力いただいた多くの生徒さんに深くお礼申し上げます。多謝。

TOEIC®・TOEFL®特化型スクール　ARE
代表　長 本 吉 斉

講義の内容

この本の意図と使い方 ……………………………………………… 1

STAGE 01 逃げちゃダメ！TOEICは品詞の意識から ……………… 8
　　　　　──TOEICにおけるメジャーな品詞って何？

STAGE 02 名詞と形容詞の「形」を意識しておこう ……………… 16
　　　　　──代表的な接尾語に触れておこう

STAGE 03 文型と文の種類の理解で正解に近づける ……………… 24
　　　　　──名詞と形容詞の関係はこれで万全

STAGE 04 名詞と形容詞 …………………………………………… 45
　　　　　──ちょっと応用編

STAGE 05 TOEICの大御所，副詞登場 …………………………… 48
　　　　　──形容詞と名詞との関係を見ながら副詞の代表的な
　　　　　　9パターンを見よう

STAGE 06 TOEIC特有の語形問題，ちょっとだけ意外系 ………… 72
　　　　　──こういうのもあり

STAGE 07 名詞の前につく数や量を表す単語たち（1）…………… 77
　　　　　──不可算名詞と可算名詞 vs 数量詞を理解

STAGE 08 名詞の前につく数や量を表す単語たち（2）…………… 91
　　　　　──逆パターンの出題：可算名詞という曲者

STAGE 09 みんなが混乱しているTOEIC時制のツボ（1）……… 100
　　　　　──TOEICも好きな3大副詞と時制の関係

STAGE 10 みんなが混乱しているTOEIC時制のツボ（2）……… 110
　　　　　──完了形というワナ

STAGE 11 みんなが混乱しているTOEIC時制のツボ（3）……… 135
　　　　　──過去と未来を深める

講義の内容

STAGE 12	TOEICにおける助動詞	158
	——真実は単純なり	
STAGE 13	受動態と能動態〈基本編〉	162
	——受け身の形ができるまで	
STAGE 14	受動態と能動態〈瞬時判断編〉	171
	——すぐに判断する癖をつける	
STAGE 15	仮定法は if から	179
	——形を覚えてしまうだけ	
STAGE 16	TOEICにおける動名詞と不定詞	196
	——基本の要点を確認しておこう	
STAGE 17	TOEICの永遠のテーマ〈接続関連：その①〉	208
	——「等位」を攻める，攻める，攻める	
STAGE 18	TOEICの永遠のテーマ〈接続関連：その②〉	227
	——頻出の相関接続をサラッと	
STAGE 19	TOEICの永遠のテーマ〈接続関連：その③〉	234
	——従属接続詞 vs 他の品詞の関係	
STAGE 20	TOEICの比較〈基礎編：その①〉	251
	——原則を思い出す作業から	
STAGE 21	TOEICの比較〈基礎編：その②〉	265
	——比較級にこだわってみる——形容詞 vs 副詞	

この本の意図と使い方

🔑 全体としての特徴

　この本は，主に現在**TOEICで400〜600点前後**の方々のために制作された文法・語法のための1冊です。

　基礎から学習しますけれども，現在のTOEICと全てダイレクトにつながっている授業をベースにして作られた，新しい発想の本です。400〜600点前後の方々のため，と言いましたが，世の中には700点以上を取る人でも，基礎事項を確認したい人は大勢います。事実，この中で使っているいろいろな問題を解いていただいた生徒さんの一部には，かなりの基礎レベルから始めて，現在800点以上を取っている人もいます。

　レベルの高い人でも，いや，**レベルの高い人ほど，基礎確認に対して貪欲で謙虚です**。実際，当校に通い，ハイスコアーを出している多くの人でも，この本の中の多くの基礎確認レベルの問題を完璧にこなせた人はいませんでした。まして，それ以下の人たちのことを想像してみてください。

　私が主宰している学校（ARE）は，基本的に，最初からハイレベルの人は入校できません。そのレベルの方は，もうご自身で勉強できるでしょ，というスタンスです。

　ですので，この本をやっていただくとわかりますが，**教材は基本**

的なものがメインです。その生の授業を文字にしてみたのがこの本です。

世の中には，「英語学校になんか行くな」と言って，自分の書いた本や教材を勧めたりしている人もいますが，私はやはり**生の授業に勝てるものはない**と思っています。

もちろん1人で学習できる人も大勢いるでしょう。それはそれで結構。でも，強制的に学校に行かないと継続できない人も，同じ数だけ，いやそれ以上にいるのが現実ではないでしょうか。そういう方たちのために行っている授業が本になったのが本書です。

基礎力に不安がある人には，コンパクトにまとまりすぎている，いわゆる「テクニック本」は役に立ちません。本書は，テクニック本ではなく，「力をつけるための本」です。

よって，この本には，TOEIC文法攻略のための「すべてのポイントが収まっているわけではありません。それは600点以下の人には，現段階では，無用です。必要最低限に絞って，基礎から実践に入れるように作られています。

この本の個別の特徴

1 説明はわかりやすく，単語のレベルは落としていません。

小さい練習問題の中の1つ1つの文で使われている単語は，ある程度は，簡単な単語にしてありますが，全体としては，（本番のTOEICと比べて）単語のレベルは落としていません。あくまでも，**「本番のTOEICで使われている単語に忠実に」**をモットーに作られ

ています。理由は単純で，**易しい単語で勉強してもスコアーは上がらない**からです。また，実践問題においては，扱う文そのものをTOEICライクなものか，あえて本番のTOEICよりも長めにしてあります。あくまでも**本番にこそ威力を発揮する授業を最優先に考えている**ためです。

　また，この本に出てくる１つ１つの単語，例文は，**一流のシェフが食材にいだくこだわりと同じくらいの執念を燃やして選定しています**。

　文法・語法の解説については，**非常に簡単に示すべきところと，ある程度難しい説明になってもそのほうが結果的に良いと思われる部分とに分けて書かれています。この微妙なバランス**に一番苦労しました。

❷ 文字を聞くように読んでください。

　この本は授業をベースにしているため，たくさんの文字情報が入っています。ですので，たくさん読んでいただきますが，それを**聞いているつもりで読んでください**。

　本来，授業というのは，本よりもずっと多くの情報を一気に音声で伝えてしまえる効果があるため，それを文字にすると，当然，膨大な量になります。

　本書は，おそらく書店に並んでいる，どの本よりもたくさんの解説が施されている本に仕上がっていると思われます。

③ 初めから順に読み進めてください。

　この本は、「どの章から読んでも大丈夫ですよ」という本ではありません。初めから順に読み進めていただくように作られています。疲れたら休んで、またそこから読み始めてください。実際、そんなに疲れないと思いますけど。

④ TOEICになじみ、親しみを感じるようになります。

　この本は、折にふれてTOEIC問題の歴史的な変化、出題の意図など、本質的な部分に触れています。
　よくある「ほらこれが出るよ、あれが出るよ」という類の本ではなく、実際過去において、どのように出され、現在、それがどのように変化してきているのかにも触れています。
　何度も読むうちに、少なくとも文法のパートにおいてはあなたはTOEICを身近な存在として感じられるようになってくると思います。つまり、"本番"が怖くなくなります。

⑤ 問題・英文は全て入念なネイティブチェックを経ています。

　この本における、全てのセンテンスは、5～8人の大学で教えている方を含むネイティブのチェックを受けており、異論が出れば、徹底的に意見を出し合って結論に至っていますので、どの文も安心して覚えていただいて結構です。
　多くのTOEIC教材は、1人～3人程度のネイティブに問題作りや校正などを頼っているようですが、それでは十分とはいえません。その点では、私は一切の妥協をしませんでした。

❻ 同じ事項が必要なだけ繰り返し言及されます。

　この本は，**同じことが違うステージで繰り返し語られている**部分があります。理由は2つ。1つは，英語はどれもつながっているから。もう1つは，みなさんは何度も言われないと覚えられないから（笑）。

　例えば，「副詞は形容詞の前に来る」と，副詞のステージでは説明しますが，同じことを形容詞のステージでは，「形容詞は副詞の後ろに来る」と説明したりしています。同じことでも，さまざまな視点から繰り返しチェックすることで，知識はようやく定着するものだからです。

❼ 長年のTOEIC研究の成果を公開した耐久性のある本です。

　この本は，現在数冊出ている『TOEIC公式問題集』だけを参考にして書かれた本ではありません。これまでの私の，雨の日も風の日も歯を食いしばってTOEICを受けてきた結果が公開されています。この本をしっかり読んでTOEICを受けられたとき，これが意味するところをきっとご理解いただけると思います。

　この先もTOEICは徐々に変化していくでしょう。しかし，この本の中で扱われている項目は，**TOEICがどんなに変化しようと，ノンネイティブの英語力を測る上で，絶対にはずせない基礎項目ばかり**です。よって，この本はかなりの長期間，お役に立てるものと思います。

　本書で扱われている問題の1つ1つが「実際に出る」と思ってチャレンジしてみてください。

🔑 この本の使い方

　この本は，1回読んで放っておいたのではもったいない本です。**基礎を確認する**という意味で，また，**TOEICが試そうとしている英語力の本質を知る**という上で，複数回読んで染み込ませてください。

　前述のように，この本は私の生の授業を文字にした簡潔版です。多くの方は，私の学校に通える距離にお住まいでないと思いますので，そんな方は特に繰り返し読んでください。

具体的にこの本は以下のような人に向いています。
① 「直前△日間で○点アップ」というような本や教材をやっても，やっぱりできなかった人。
② 問題を解き，説明を読んで，そのときは理解できたように思うけれども，その後はやっぱり「曖昧感」が残る人。
③ 問題集は解いたけど，本番で同じような問題が出たときに，どうやら間違えているらしい人。
④ 中学英語ほどの基礎とまでは言わないが，かなりの基礎が欠けてしまっている（忘れてしまっている）と感じている人。大学を卒業して以来，まともに勉強をしてこなかった人。
⑤ いろいろな問題集をやる前に，まずはTOEICの文法事項において，最低限知っておかなければいけない分野を総ざらいしておきたい人。

この本の意図と使い方

　TOEICは，ここ数年の動きを知っている人間に習うのでは不十分です。本書には，まだTOEIC対策の本が書店に数冊しかなかった頃，書店で第1回〜第3回の公開テストが売られていた頃からの動きをずっと見つめてきた人間にしかとらえられない，書けないポイントがギッシリつまっています。読み進められるうちに，自ずとそのことが納得されるはずです。
　では，さっそく，がんばっていきましょう。

STAGE 01

逃げちゃダメ！
TOEICは品詞の意識から

TOEICにおけるメジャーな品詞って何？

　では，TOEICの第1ステージの授業を始めます。

　ある程度の大人になってから，英語，とりわけTOEICに取り組んでいく上で一番大事なのは，英語の最小単位である単語に対する意識です。単語には，当たり前ですが，必ず「意味」がついています。が，同時に第二言語として英語に取り組んでいく際，特に**TOEICの文法・語法問題を解いていくためには，品詞を意識することを避けては通れません。**

　「品詞」ってわかりますか？　いろんなところで語られてますよね，品詞。自分が知っている品詞を片っ端から言ってみてください。

　名詞，動詞，助動詞，形容詞，前置詞，副詞，接続詞，関係詞，動名詞，不定詞，……

　そう，思い出してみれば結構ありますよね。

　で，品詞ってなんでしょう？　**品詞っていうのは，言ってみれば単語の機能や性質**のことですね。例えばassistantという単語は，まあ日本語でもアシスタントと言うように，人を示している単語なので，この**単語の機能，つまり品詞は，名詞**ということになります。

　伸び悩む人の多くは，ここで「**assistantの意味はアシスタント。**

オーケー」とやってしまう。**これじゃだめ**なんです。TOEICで一番怖いワナに，この**「意味で全て解こうとしてしまう」**というのがあります。

　全てのセンテンスを意味だけで考えていく癖をつけてしまうと，**前後だけで判断できる問題まで意味で考えてしまうので，本来取れるはずの600点レベルの問題も落としてしまう**こともあります。もちろん理想は，文法もわかって意味も全部わかることですが，まず600点を目指す場合は，完璧にこなそうという気持ちを捨ててください。

　意味がわからなくても解ける文法の問題はたくさんあります。知らない単語は何時間考えても意味はわかりません。ひたすらに意味を考えるのは文法のテストにおいてはあまり意味がありません（リーディングの学習においては意味がありますが……）。

　次の質問です。

　先ほど挙がった10個程度の品詞の中で，**TOEICの品詞問題において，もっとも大事な品詞を3つ挙げてみる**と，なんでしょうか？　ちょっと考えてみてください。

　多くの人は，3つの中に，必ず「動詞」を入れてきます。みんな動詞は外さない。まあ，そりゃそうでしょう。なんたって英語は"S＋V"で始まるんだから，動詞が大事だってみんな思いますわね。

　でもね，ここ数年のTOEICの傾向として，文法問題全般を見渡してみると，動詞関連の問題，特に時制とかよりも，これからお話しする品詞関連の問題のほうが，出題率が高いんです。もちろん動詞関連の問題もかなり出ますけどね。出るけど，動詞をさらに上回る品詞が3つあるんです。

それは，何を隠そう，って隠すこともないですが（笑），

　　名詞と形容詞，そして副詞

なんです。こちら関係の問題のほうが動詞関連よりも出題数が多い。問題の数が違うんです。PART 5で言うと，40問中，平均して9～12問。多いときで15問くらい出ます。よって，品詞問題がスラスラ解けるということが，まず600点への第1段階です。

> **鉄則1** 名詞，形容詞，副詞の品詞の問題は，今までも，そしてこれからも出題され続ける最頻度項目。

そこで，さっそく典型的なTOEICの空所補充問題をやってみましょう。

1問ずついきます。1問につき，30～40秒くらいで解いてみてください。そして，その選択肢を選んだ理由も考えてください。間違ってもいいから。間違ったら，そこで理解すればいいだけです。そのための授業なんだから。

STAGE 01 逃げちゃダメ！ TOEICは品詞の意識から

実践問題にチャレンジ①

1. In announcing Ms. Stone's retirement, the company president noted her many years of ------- service and dedication to her job.

(A) reliable
(B) rely
(C) relied
(D) reliability

　この問題は，**選択肢の中で，同じような形の単語が4つ並んでいます**よね。こういうのを，俗に「**品詞問題**」，あるいは「**語形の問題**」と言うわけです。

　品詞問題は，ほとんどの場合，空所の前後を見ればいいだけのこと。この文の場合，前には前置詞のof。後ろにserviceという名詞がありますね。まず，単純に「**名詞の前には形容詞が来る**」と頭に入れてください。

　言われてから「そりゃそうだ」ではなく，自分から言えるようになることが大事です。それだけで多くの問題が解けるようになりますから。よって正解は形容詞の**(A) reliable**「頼れる」ということになります。

　こういうのを**古典的なTOEICの問題**と言います。**この類の品詞問題が出題されない回はありません**。まずは600点を確保したいとか，900点を狙う人で単純な問題は絶対に落とせないという人にとっても，**確実にモノにすべき問題**です。

念のため他の選択肢も見ておきましょう。これが大事です。たとえ自分が正解できたとしても，**他の選択肢も全てその品詞と(できれば)意味も言えるように普段から訓練しておくことです。**(B) relyは，動詞の原形で「頼る」。(C) reliedは過去形及び過去分詞。(D) reliabilityは，-ityで終わっていることから，名詞と判断できます。意味は，「頼れること，信頼性」。

英文の意味は，「ストーンさんの退社を発表する際に，社長は彼女の長年にわたる信頼できる仕事ぶりと貢献(dedication)について触れた」。

では，次。

実践問題にチャレンジ②

2. The employees showed ------- for the manager's years of dedicated service by presenting him with a plaque.

(A) appreciable
(B) appreciation
(C) appreciate
(D) appreciatively

選択肢を見れば，どれもappreciまでは同じなので，これも品詞問題とわかりますね。一目瞭然。**本番では慣れてきたら5秒で解いて次の問題に進み，どんどん後半に時間を余らせるようにしてください。**

さて，これも空所の前後を見ます。前は，"S＋V"という形になっています。showは他動詞。つまり，「〜を見せる」という目的語が必要な動詞なのだから，目的語になるものは，品詞で言えば名詞ということになります。

よって正解は(B)appreciation。名詞で「感謝」。空所の後ろのfor 〜 serviceは前置詞のforで始まっている句で，この場合は形容詞の役目をして，後ろから前の名詞（正解のappreciation）を修飾しています。こういうのを「前置詞句」と言いますが，また後で説明しますね。

ここも他の選択肢も見ておきましょう。(A)appreciableは形容詞で，「評価可能な，かなり大きい」。(C)appreciateは，単なる動詞の原形で「理解する，評価する，価値が上がる」。(D)appreciativelyは，副詞で「感知して，認めて，感謝して」。

英文の意味は，「従業員たちは，マネージャーの長年の献身的な働きに感謝して記念銘板(plaque)をプレゼントした」。

では，3つ目。

実践問題にチャレンジ③

3. The marketing department head ------- congratulated Ms. Gladstone for closing on one million dollars worth of sales this month alone.

(A) personalization
(B) personalize
(C) personally
(D) personal

　本番に同類の問題が出たら絶対に落とせない問題パート3。

　これも選択肢を見れば品詞の問題とわかりますね。よって，空所の前後を集中して見ます。空所の前は，department headという名詞句。ヘッドなんだから「長の人」ということですね。

　ちなみにTOEICでは，主語をこのように2語，場合によっては3語にしてくることが多々あります。1語じゃわかりやすいからだと思います。

　そこでこのdepartment headは，この文の主語になっています。で，動詞は？ 空所の後ろにありますね。congratulated（お祝いしてくれたと）。ということは，"主語(S)＋空所＋動詞(V)"という形になっているわけです。この間に入るものを選択肢の中から探してみましょう。

　すると，(A)personalizationは名詞で「個性化」です。名詞と名詞が並んで，動詞につながるのはおかしいですね。

　(B)personalizeは，----izeで終わっているので，動詞です。「個

性化する，特徴づける」。が，後ろにcongratulatedという動詞があるのでおかしいですね。

　正解は，(C)personally「個人的に」です。これはずばり副詞です。主語と動詞の間に入って，動詞に意味づけする役目をします。**TOEICが非常に好んで出してくる副詞の位置です。一番単純なパターンと言ってもいい**です。

　(D)personalは形容詞で，「個人の」。ここに形容詞はおかしいですね。意味は，「マーケティング部門のトップは，今月だけで100万ドルの売り上げをあげたグラッドストーンさんに個人的にお祝いを言った」。

以上，さっとできましたか？　もうすでに600点以上ある人なら，こういう問題は確認程度で解けると思います。が，400〜500点前後の人は，結構単語がきついでしょう。でも，初めはなんだかよくわからなくても気にしないでください。この3問が解ける理由を次のステージからお話ししていきますから。焦らないで。

STAGE 02

名詞と形容詞の「形」を意識しておこう

代表的な接尾語に触れておこう

　さて，Stage 1では，TOEICで大事な3つの品詞のお話と，実際の問題を解きました。ここからは，TOEICの具体的な品詞問題の解き方について，基礎段階から入っていきます。

　TOEICに頻出する品詞問題で大事なことは，2つあります。
　1つは，**形だけで，それが何の品詞なのか，瞬時に見分けられる**こと。「これは〜という形だから形容詞だ」とか，「この形は名詞だ」とかいうふうに瞬時に判断できることです。今はスピードの時代。特に**TOEICではスピードが命**です。いろいろな面でスピードが求められますが，まず一番単純なのは，**単語レベル**でその品詞が判断できてしまうことです。

　TOEICの試験で仮に倍の時間を受験者に与えたら，軒並みスコアーは10〜30％アップしてしまう可能性があります。そこに制限時間というのがあるからこそ，**瞬時の判断で「英語がどれくらいできるのか」が試されている**わけです。

　品詞問題に対応する上でもう1つ大事なことがあります。それは**それぞれの品詞が，文のどこに当てはまるのか，理解していること**。例えば，名詞ならどこ？　形容詞ならどこ？　副詞

STAGE 02 名詞と形容詞の「形」を意識しておこう

は？ みなさんはさっさっと言えますか？

　口で言えるほどに整理ができている人は，少ないもの。ほとんどの人は，「見りゃわかるかな」程度に思っているのです。だから，TOEICに"はめられて"しまうのです。

　「形と位置」。これが最重要と覚えておいてください。**TOEICは自分の引き出しをたくさんもっている人が勝ちというゲームのようなもの**です。

　そこで，まずは名詞と形容詞の「形」からやりましょう。

　例えば，ある単語の語尾が，----icで終わっていたら，これは名詞ですか，形容詞ですか？ 最後が「イック」で終わっている単語です。形容詞と言えた人は，なかなかセンスがあります。

　では，ここで皆さんに質問です。----icで終わる形容詞の中で，TOEICというテストの中に出てくる選択肢に入っていそうな形容詞をあげてみてください。

　なに，fantastic（ファンタスティック）！ exotic（エキゾチック）！ ……あの〜，TOEICに出そうな単語にして欲しいんですけど（笑）。まあ，fantasticとかexoticが100％出ないとは言い切れないけど。なに，romantic（ロマンチック）！──ちょっと待ったあ！ romanticなんて選択肢にあるわけないっしょ！

　例えば，economic（経済の）とか，enthusiastic（熱心な）とか，specific（特定の）とか，他にacademic（学問の，学校の）とか，ありますよね。ということは，**----icで終わる単語は，基本的に形容詞と考えていい**わけです。ここんとこ，すごく大事です。**単語の形で**

形容詞とわかるということです。

　じゃ，今度は，**----sionで終わっていたらどう**ですか？　カンがある人はわかりますね。**名詞**です。例は？

　なに，television！！ま，否定はしない。それが名詞であるということに対して否定はしません……がぁー，もしtelevisionが選択肢の中にあったら，首くくります，私（笑）。

　TOEIC的に思い浮かべて欲しい単語としては，
　　decision（決定），discussion（議論），conclusion（結論）
　　permission（許可），occasion（機会），exclusion（除外）
といったものですね。まあ，切りがないほどありますが，----sionで終わっていたら，名詞ということはわかりますね。

　では少し練習してみましょう。

STAGE 02 名詞と形容詞の「形」を意識しておこう

Exercise 1

Directions: 次の各単語の片割れは，それぞれ形容詞か名詞かのどちらかの代表的な語尾を示しています。動詞ではないのでご注意を。一般的に，それぞれ，どちらに分類されるのか，マルで囲んで区別してみてください。

中には，一般的に形容詞と名詞の両方にとれるものもあります。その場合は，「両方」にマルをしてください。分類後，例としてできるだけTOEICに出そうな単語をいくつか想像して考えてください。例として出す単語は，合計で最低7文字以上の単語のみとします。

----ness　　　名 or 形：_____

----tive, ive　名 or 形：_____

----ant　　　　名 or 形：_____

----able, ible　名 or 形：_____

----ment　　　名 or 形：_____

----ity　　　　名 or 形：_____

----tion　　　名 or 形：_____

----tial　　　名 or 形：_____

解答&解説

全部できたら600点は軽く取れる実力の持ち主です。できなかった人は,「あっ,そうだ」と思い出して,覚えてしまってください。実際,現在TOEICで400－500点前後の人は,ほとんどの単語において思い浮かばないか,浮かんでも,全然TOEICと関係のない単語というのがほとんどです。

また,逆にレベルが上の人の場合,難しい単語を知っていても,それがTOEICライクかというと,そうでもない,というパターンも多いです。

では,見ていきましょう。

----nessで終わる単語

正解は名詞です。単語は何を思い浮かべましたか？

ん,loneliness？ happiness？ sickness！ ……悲しくなってきた。そんなんじゃなくて,……もっとほら,TOEICライクで。例えば,weakness(弱点,弱さ,短所),eagerness(熱心さ),easiness(容易さ)とか。

-----tiveまたは-----iveで終わる単語

正解は形容詞と名詞です。形容詞のほうが圧倒的に多いですが。形容詞で言ってほしい単語としては,effective(効果的な),attractive(魅力のある),innovative(革新的な)など。

名詞ならTOEIC的に言うとrepresentative。これは,名詞では「代表者」を意味しますが,形容詞としては「象徴的な」。またexecutiveは，名詞で「幹部」ですね。

また，----iveで終わるのは，形容詞でexcessive（過度の），exclusive（排他的な），impressive（印象的な），intensive（集中的な）などがあります。

TOEIC系の単語というのは，いわゆるビジネス英語と呼ばれる単語の中でも特に基礎的な部類のものが大半です。なので，ここに挙げている単語は全て覚えていてくださいね。

ビジネス英語という範疇の英語は厳密に言えばないですけど，ビジネスライクな英語の中で基礎的な英単語が，TOEICライクな単語と言えます。

----antで終わる単語

正解は形容詞と名詞の両方です。外資系に勤めているような人は，結構brilliant（すばらしい！）なんて挙げる人がいます。が，TOEIC的な単語ではありません。

形容詞のほうなら，言わずと知れたimportant。他にTOEICが好きなsignificant（重大な），constant（一定した）とか。名詞なら，applicant（応募者），accountant（会計士），consultant（コンサルタント）など。

両方とも言えて，かつ，例を示せた人，パチパチパチパチ。ぜ～んぜん思い浮かばなかった人はここで覚えてくださいね。

----able, ibleで終わる単語

正解は形容詞です。これは動詞や名詞の後について，主に「可能（～できる）」を示します。

TOEIC的な単語では，capable(～できる)，agreeable(好ましい)，available(手に入る，利用できる)，desirable(好ましい)，flexible(柔軟な)，feasible(実現可能な)，visible(目に見える)など。

----mentで終わる単語

正解は名詞です。ある単語が ----ment で終わっていたら，たいていは名詞ですね。TOEICという観点から思い浮かべでほしい単語は，development(発展)，investment(投資)，improvement(改善)など。

----ityで終わる単語

正解は名詞です。----ityは，性質や状態などを示します。
communityとか言う人が結構いますが，ん～～，確かにTOEICの問題文の中とかリーディングでは見かけるけど，PART 5や6の設問として出題される単語かというと，あまりにも安易な発想というか……。

言ってほしいのは，ability(能力)，capability(能力)，profitability(収益性)，feasibility(実現可能性)，equality(平等，公平)，possibility(可能性)など。

----tionで終わる単語

正解は名詞です。----tionで終わるもののほとんどは名詞ですね。
TOEICが好きな名詞としては，定番中の定番のinformation(情報)。他にexpectation(予想，期待)，evaluation(評価)，competition(競争)など。よくattention(注意)とか，caution(警戒)を挙げ

る人もいますが、ん〜〜、まあまあかな。リスニングの単語としては、attentionとかね、いくらでも聞こえてきそうですけどね。他にTOEIC的と言えば、recognition（認識）、presentation（プレゼン）など。

----tialで終わる単語

　正解は形容詞です。ここで言ってほしいTOEIC系単語としては、essential（必須の）、influential（影響力のある）、potential（潜在的な）など。

　以上、TOEICに出題されがちな代表的な名詞や形容詞の1例を示しました。まだまだ挙げればありますが、初心者はまずここをマスターしておいてください。今後も貪欲に単語と品詞の知識を増やしていくことが肝心です。

鉄則2　単語の形で、その品詞を瞬時に判断してしまうこと。

STAGE 03

文型と文の種類の理解で正解に近づける

名詞と形容詞の関係はこれで万全

文の要素と5文型

　Stage2では，品詞問題で試されがちな名詞と形容詞の典型的な形を見ました。今度は**名詞と形容詞の位置の確認**です。名詞も形容詞も，文のどこに入るかがわかっていれば，そのセンテンスを見て，ぱっと**「ここには名詞（または形容詞）がくるはず」**とわかるようになります。

　そこでそれぞれの位置を確認するには，日本人の大半が習ったことのある**5文型の確認**を避けて通れません。さらっとおさらいしてしまいましょう。

　英文は，その構造から考えると5つの文型に分かれているというのが，我々日本人が習ってきている，いわば伝統です。皆さんの中にも品詞問題を解く際には，ここには目的語がくるのだから〜，とか，ここは補語がくるので〜，というように考える人は少なくありませんね。**できる人ほど，文型の理解が実はしっかりしているというのが偽らざる現状**です。

　英文を文の構造で分ける場合，そこには**「文の要素」**と言われる5つの要素がありました。それは，

STAGE 03 | 文型と文の種類の理解で正解に近づける

S（主語），V（動詞），O（目的語），C（補語），
そしてM（修飾語句）

です。これらが文の骨格となることによって，5つの文型から英文ができているというわけです。それぞれの文型のどの部分で名詞と形容詞が使われているのかを見ていきましょう。

第1文型…基本的に"S＋V"で成り立っている文

一番簡単なのは，She works. これは，「彼女は働く」という，まさにSとVだけで成り立っている文です。この場合，動詞のworkは，何かを「働かせる」という意味ではなく，単に「(自分が)働く」という意味です。よって，workの次に目的語が必要ありません。こういう動詞を，「自動詞（自立している動詞）」と言うのでしたね。

しかし，こんな短い文は，よほど前後の文脈でもない限り，日常の英語では言ったり書いたりしませんね。ましてTOEICには出てこない。実際の英文では，もっと周りにいろいろな修飾語句(M)がくっついてくるわけです。

そこで，これです。TOEICライクな英文を見てみましょう。

The new negotiations between the two companies began
 M   M   S   M   V
at Watson Hotel yesterday.
      M   M

このセンテンスは，けっこう長いですが，文の主要な要素であるS（主語）とV（動詞）だけで見ると，骨格が見えると思います。

まず，主語はStage 2でやった----tionという形の名詞，この場合

25

は複数形のsがついていますが，negotiations（交渉）です。動詞は，began（始まった）です。この場合のbeganは自動詞です。

　ここで大事なのは，negotiationsという**名詞が文の主語になっている**ということです。そして，主語である名詞のnegotiationsにnewという形容詞がついています。つまり，**名詞の前には形容詞がつく**という，当たり前と言えば当たり前のことを確認してください。

　TOEICでは，この"形容詞＋名詞"という最も単純な形が，どちらかを空所にすることで，最も多く出題されます。

　さて，形容詞という品詞は，文の主要な要素でないため，修飾語の1つです。念のため，その前にはさらに冠詞のtheがついています。これも修飾語の1つです。ここでは"the＋形容詞＋名詞"（The new negotiations）という，**非常によく見られる語順**になっています。

　そして，主語と動詞（began）の間にbetween（〜の間の，間に）という**前置詞**がありますね。この**前置詞で始まって，最後のcompaniesという名詞で終わる句のことを「前置詞句」と言います**。主に場所や時間，様態，程度を表し，**全体として，形容詞か副詞の役目**をします。ここでは前のThe new negotiationsを修飾して形容詞の役目をしています。

　これは文の主要な要素ではありませんが，**文全体を判断するときには非常に大事な部分**です。前置詞句で大事なのは，**最後に名詞がくる**ということ。別の言い方をすると，**名詞は前置詞の目的語にもなる**ということです。この場合なら，companiesという複数形の名詞です。

　そして動詞（began）が続きます。その後ろは，2つの修飾語句が

ありますね。at Watson Hotel（これも別名，前置詞句）とyesterday（これは時を示す副詞）です。このように修飾語句があると前後関係がはっきりしてきます。ここら辺のところをまずよく覚えておいてください。

「語」と「句」って何？

　一般に「語」とか「単語」というのは，1つの言葉だけを指します。この文なら主語のnegotiationsとか。それに対して「句」というのは，2語以上で，かつ"S＋V"を含まずに，一定の意味を成している部分を言います。この文なら，The new negotiations, between the two companies, at Watson Hotel の部分のことです。

　どうですか，たった1つの文型だけでもTOEICに役立てる部分がけっこうあるでしょう。問題集だけたくさん買って解いていたり，短期のセミナーだけに通っても，実力が大幅にアップしないという人の多くは，こういう基礎事項を疎かにしているのです。

　多くの人にとってTOEIC対策の基本は，昔習った基礎文法を思い出す作業の繰り返しです。

鉄則 3

- 名詞は文の主語になる。
- 名詞の前には形容詞という修飾語句が付く。
- 名詞は，前置詞句の中で前置詞の目的語にもなる。
- 修飾語句とは，冠詞（aやthe），形容詞，前置詞句などのこと。

では，次の文型です。まずは簡単なバージョンから。

第2文型…"S＋V＋C"で成り立っている文

The computer was expensive.
　　　S　　　V　　C

「そのコンピューターは高かった」という意味ですが，Cは，Sがどういうものなのか説明する役目なので，ここには，**形容詞がくることが圧倒的に多い**です。**形容詞はbe動詞の後ろにくるという大原則**です。

もちろんbe動詞以外の一般動詞の中にも，この第2文型をとる動詞があります。

- 「〜のままでいる」という動詞（remainやstayなど）
- 知覚に訴える動詞（sound, smellなど）
- 「〜になる」という動詞（become, get, goなど）
- 「〜のように思える，見える」という動詞（seem, appearなど）

があります。が，受験英語ならいざ知らず，ことTOEICという視点から見ると，この類の出題頻度は比較的低いので，ここでは割愛します。もし出たら，めったに出ないのに出た，と思ってください。テストというのは，重箱の隅を突つこうと思えばいくらでもできるのですから。

また，この**"be動詞＋形容詞"という語順で形容詞を選ばせる品詞問題は，第1文型のセンテンスのところでやった"形容詞＋名詞"という語順の問題よりも出題頻度がずっと低いです。**

話を進めます。

このセンテンスにveryを入れてみると，どうでしょう。

　The computer was very expensive.

veryの品詞は？ **程度の副詞**です。よって，ここでもう1つ確認できますね。**形容詞は副詞の後ろにもつく**。逆に言えば，副詞は形容詞の前につく，という言い方もできます。

もう1つ，第2文型を見てみましょう。

　　All articles in this magazine are the property of their writers.
　　M　S　　　　M　　　　　V　M　　C　　　M

これもSVCの第2文型です。まず，主語は，articles（記事）という名詞です。それに形容詞で数量を示すallという修飾語がついています。その主語である名詞のarticlesの後ろに，場所の前置詞句（in this magazine）がついています。

そして動詞ですが，ここもbe動詞（are）です。そして文の主要な要素であるC（補語）の部分がproperty（所有物）という名詞になっています。その前には冠詞のthe。

このC（補語）の部分――先ほどはexpensiveという形容詞でしたが，**ここでは名詞**になっているわけです。つまり，**名詞はC（補語）にもなる**ということです。**このbe動詞と一般動詞ならbecome, remain, stay（〜のままでいる）**なども，補語に形容詞だけでなく名詞もとることができます。

　　　　S＋V＋C
　　　　　　→形容詞
　　　　　　→名詞

ということになります。

　最後は，またof their writersという修飾語句がついていますね。つまりこの文は，骨格だけを見ればシンプルで，articles are propertyというのが骨なわけです。意味は，「この雑誌の全ての記事(articles)は，その書いた人たちの所有物(property)です」。

> **鉄則 4** 第2文型のSVCのC(補語)は，形容詞の場合がほとんどだが，名詞がくる場合もたまにある。

第3文型…"S＋V＋O"で成り立っている文

　そして第3文型です。"S＋V＋O"で成り立っている文。ここで初めて目的語をとる他動詞が登場します。英文の中では最も頻繁に出会う文型です。TOEICにも頻出。

　　Global <u>companies</u> are <u>considering</u> <u>their</u> <u>influence</u>
　　　　　　　S　　　　　　　V　　　　M　　　O
　　　　　　　　　　　　　　　　　　(代名詞の所有格)
　　on the environment.

　まず，この文の主語は，companies(会社)ですね。動詞は，他動詞でconsider(〜を考える，思いやる)。意味を考えれば即，目的語が必要なことがわかります。目的語はinfluence(影響)という名詞

です。その前には，theirという代名詞の所有格があります。「彼らの」という意味の，これも立派な修飾語句です。

この場合は，"他動詞＋代名詞の所有格＋名詞"という形になっています。主語は，companies（企業，会社）です。それに形容詞のglobal（グローバル）が付いています。

動詞はこの場合，進行形になっています。そして，influenceという目的語があって，最後に前置詞句（on the environment）で終わっている，という典型的な英文です。

Companies are considering influence.
　　S　　　　V　　　　　　O

（企業は，影響を考慮している）

文意は，「グローバル企業は，自分たちが環境に与える影響について考慮している」。

鉄則 5
- 名詞は，代名詞の所有格（〜の）の後ろにつく。
- 名詞は，目的語として他動詞の後ろにつく。
  "他動詞＋所有代名詞＋名詞"……ありがちな形。

"他動詞＋目的語"…目的語(O)としてのthat節

　この第3文型ですが，注意してほしいことがもう1つあります。それは第3文型の形をとる他動詞の中には，名詞や代名詞だけでなく，that節，つまり他動詞の目的語として，"that＋S＋V"という構造をとるものがあるということです。その場合，that節以下の全体をO(目的語)とすると考えてください。

　例えばこんな文です。

Globe Tec	has found	that some overseas markets are easy to enter.
S	V	

<u>Globe Tec</u> <u>has found</u> 　<u>that some overseas markets are</u>
　　S　　　　　V　　　　　　　　　　　S　　　　　V
　　　　　　　　　　　　　easy to enter.
　　　　　　　　　　↑この節全体がO

　動詞のfound(〜を見つけた)ですが，これは他動詞です(原形はfind)。その目的語としてthat節があります。節というのは，より大きなセンテンスの中の"S＋V"の部分を言います。この文の場合だと，thatからenterまでです。

　このthat節のことを，目的語の名詞と同じ役目をしているので，名詞節と言います。日本語に訳すと，「〜ということ」と最後に訳せるのが特徴。この場合なら，「海外のマーケットの中には参入が容易なところもあるということ」です。つまり，foundという他動詞の目的語として，that節全体があるということになります。

　このようにセンテンスの中に"S＋V"が2つあるものは，通常「複文」と言われ，TOEICの中では頻出のセンテンスの形です。

　このfindと同じようにthat節を取れる動詞としてTOEICが好むも

のをまとめておきますね。

目的語としてのthat節を取れる動詞

hope（望む）
remind（思い起こさせる）
state（明言する）
ensure（確実にする）
report（報告する）
predict（予想する）
estimate（見積もる）
announce（発表する）
show（見せる，示す）
indicate（指し示す）
realize（悟る）
stress（強調する）
guarantee（保証する）
claim（主張する）

などがあります。覚えておいてくださいね。

あの，勘違いしないでくださいね。ここに挙げた動詞は，常に後ろがthat節になるということではありませんから。

例えば，hopeは，hope to do 〜というように不定詞もとれます。ですので，これらの動詞は，that節もとれる動詞であると覚えておいてください。ベストな方法は，1つ1つ辞書を引いて必ず例文を読んでおくことです。

鉄則 6
- 他動詞には，目的語が必要。その目的語は名詞や名詞相当語句がくる。
- 他動詞の中には，名詞節のthat節をとれるものがあり，TOEICのセンテンスでは頻繁に見かける。

第4文型…"S+V+O+O"で成り立っている文

次は，第4文型。"S+V+O+O"で成り立っている文です。この文は，目的語(O)が2つ入るのでしたね。**目的語を2つ取る動詞しかこの形を取れない**ということです。この第4文型の文は，数の上では，少数に属します。動詞のgiveを例にとって見てみましょう。

<u>Web advertising</u> <u>gives</u> <u>all businesses</u> a great <u>chance</u> to grow.
　　　S　　　　　　V　　　　　O　　　　　　　　O

ここからは修飾語句(M)には，下線をつけません。もうわかりますね。そこでこの文ですが，giveという動詞が目的語を2つとっているわけです。businesses(会社，お店)という名詞とchanceという名詞です。

「ウェブ広告は，多くの会社に成長するチャンスを与えている」ということです。ここで確認できるのは，**主語も2つの目的語も全て名詞**であるということです。

この文型を取る他の動詞をまとめておきますね。

目的語を2つ取れる動詞

award（授与する）　　　pay（支払う）
promise（約束する）　　recommend（勧める）
lend（貸す）　　　　　　grant（与える）
teach（教える）　　　　send（送る）
sell（売る）　　　　　　ask（質問する）
cost（費用がかかる）　　show（見せる，示す）

offer（差し出す，提供する）

などがあります。

　もし仮にどちらかの目的語が空所になって出題されたら，名詞を選ぶということを考えてください。

第5文型…"S＋V＋O＋C"で成り立っている文

　最後に第5文型です。"S＋V＋O＋C"で成り立っている文。第2文型と並び，日本人が一番苦手。だけど好き，みたいな文型です。典型的な文を見てみましょう。

　　The president appointed Ms. Abe vice president last week.
　　　　 S 　　　　 V 　　　　 O 　　　　　 C

　動詞はappoint.「任命する」です。この文は，第4文型と同じように，動詞の後ろに名詞が2つ並んでいるので，目的語が2つ並んでいるように見えます。また，日本語で訳してみても，「阿部さんを副社長に(vice president)」みたいになるので，第4文型に思えます。が，違うんです。

　どこが違うか。第5文型の場合，意味上，「OがCである」，「OがCする」などの意味があり，**OとCの間に"S＋V"の関係が成り立つ**ということになります。この場合，「阿部さんが，副社長になる」んですよね。思い出しましたか？　なんとなく？

　これが先ほどの第4文型の文の，

　　Web advertising gives all businesses a great chance to grow.

と違うところです。だって，businessesはchanceじゃないでしょ。だから1つ目の目的語の次にまた名詞がきたからといって，いつも第4文型じゃないってこと，覚えておいてくださいね。

もう1つ，SVOCの文を見てみましょう。

<u>We</u> must <u>keep</u> the guest <u>room</u> <u>clean</u>.
　S　　　　V　　　　　　　O　　C

（私たちは，そのゲストルームを清潔に保たなければならない）

この場合，keepはこの文の場合，OをCという状態にしておく，という意味の動詞です。Oは名詞ですが，**Cはこの文の場合は形容詞**ですね。よって，**目的語を説明する補語（目的格補語）は形容詞になることもある**ということです。TOEICでは，このCのところの品詞が問題として出されることが時々あります。**基本は形容詞**と覚えておいてくださいね。

第5文型を作れる主な動詞をまとめておきます。先ほど出てきたappoint（…を〜に任命する）の他に以下のような動詞があります。

第5文型を作れる動詞の中でCに名詞または形容詞をとる代表的なTOEIC系の動詞

elect（…を〜に選ぶ）	find（…を〜と思う，わかる）
call（…を〜と呼ぶ，〜に任命する）	consider（…を〜と考える）
leave（…を〜の状態にしておく）	make（…に〜させる，…を〜にする）

STAGE 03 文型と文の種類の理解で正解に近づける

鉄則 7
- 第4文型の動詞は目的語を2つとれる。
- 第5文型は，OとCの間に"S+V"の関係が成り立つ。

TOEIC問題攻略に不可欠な文の種類の確認

　TOEICの問題に対処する上で5文型に次いで大事なのが，**文の種類の区別**です。英文は構造で分けると，「混文」も含めると通常4つの文に分けられます。TOEICにおいては，(A)単文，(B)複文，(C)重文を知っておけば十分です。

(A) 単文　主語と動詞が1つずつしかないもの。"S+V"

　今までやってきた5文型は，基本的にこの単文を基にしています。どんなにたくさんの修飾語句が付いて文が長くなっても，SとVが1つずつしかなければ，それは**単文**です。「短文」じゃないですよ。

(B) 複文　"S+V"のペアーが2つ入っている文

　TOEICに出てくる複文には，およそ次の3つのタイプがあります。

① **"接続詞＋S＋V, S＋V"**，または**"S＋V＋接続詞＋S＋V"**という形の複文

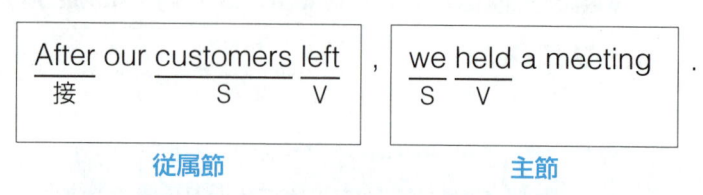

After our customers left	,	we held a meeting
接　　　　S　　　　V		S　　V

　　　　　従属節　　　　　　　　　　主節

（お客さんたちが帰ったあと，我々は会議を開いた）

② **that節の複文** "S＋V＋that＋S＋V"という形

＊thatは省略可能だが，TOEICのセンテンスの大半は省略しない。

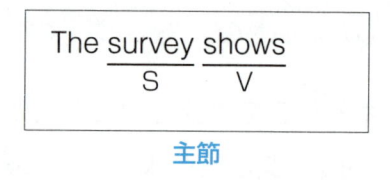

The survey shows
S　　　V

　　主節

that | most customers are satisfied with the new item.
　　　　　　　　　　S　　　　V

　　　　　　従属節

（その調査〈survey〉によると，大半の顧客〈most customers〉は，新しい製品に満足している〈are satisfied with〉ということがわかった）

STAGE 03 文型と文の種類の理解で正解に近づける

③ 関係詞が使われている複文

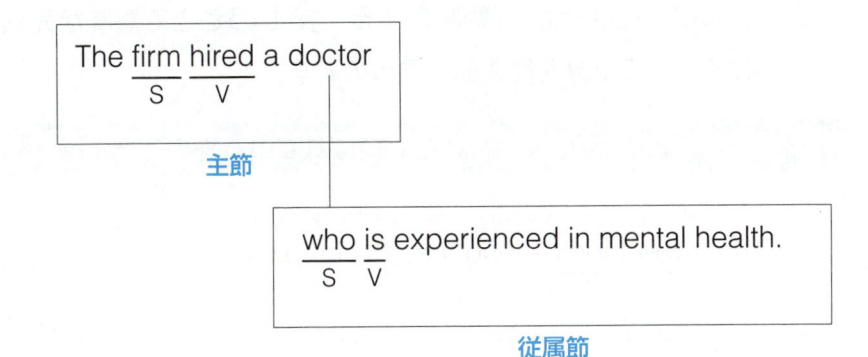

```
The firm hired a doctor
 S    V
```
主節

```
         who is experienced in mental health.
          S   V
```
従属節

(その会社は、心の健康について経験豊富な医者を採用した)

主節と従属節はどう違う？

　TOEICの対策書の98%、一般の参考書でもほとんど記述のないこの項目について私なりに説明します。

　主節というのは、意味が完結できる内容を持つ「主」のほうのセンテンスを言うのに対して、従属節は、それだけでは意味を完結できず、主節がないと意味が完成しない"S＋V"の部分を言います。

　①の文なら、「私たちは会議を開いた」は、完結していますが、従属節のほうの、「お客さんが帰った後で」は文として完成していませんね。

　②も同様に「大半の顧客が～であるということ」が何なのか、わかりません。もちろん接続詞のthatを除いて抜き出してしまえば、1つのセンテンスとして完成していますが、thatを含めて考えると、thatは必ずなんらかとつなげる役目をする接続詞ですから、that以下のみでは文は不完全ということになります。

だからこの部分が従属節になります。

③もwho以下だけでは,「経験のある～」ということで意味が完結しないので,この部分を従属節と言うのです。

(C) 重文 and, but, or, so などで結ばれている文のこと

> The project took a long time to complete,
> S V

but
等位接続詞

> it was definitely a good experience.
> S V

(そのプロジェクトは完成までに長い時間がかかったけど,絶対に良い経験になった)

この場合,それぞれの文が独立していて,対等な関係として**but**や**and**で結ばれるので,**重文**と言われています。重文の場合,experienceの後に,さらに"カンマ＋and"として,文を続けていっても構いません。

    ＊   ＊

ではここで,改めて復習の意味で実践問題をやってみましょう。3問連続で合計2分でトライしてみてください。

STAGE 03　文型と文の種類の理解で正解に近づける

実践問題にチャレンジ④〜⑥

4. Smaller companies' abilities to respond quickly to market trends have given them a ------- advantage over larger companies.

(A) compete
(B) competitive
(C) competition
(D) competitively

5. ------- in continuing education courses by the company's employees has decreased by 40% over the past five years.

(A) Enrolled
(B) Enrollment
(C) Enroll
(D) Enrolls

6. The new remuneration system will include a gradual ------- to the old system in order to attract more skilled employees.

(A) corrects
(B) corrected
(C) correctly
(D) correction

4. まず，この文は大きく見ると，givenという動詞の目的語が2つあることに気づくと思います。giveは"O＋O"という第4文型を取れるんでしたよね。骨の部分だけを見ると，

<u>Abilities</u> <u>have given</u> <u>them</u> <u>advantage.</u>
　　S　　　　V　　　O　　　　O

となっているわけです。1つ目のOはthem，もう1つがadvantage（有利）という名詞です。「アドバンテージ」って日本語でも言いますね。この名詞の前が空所になっていて，その前に冠詞のaがあるんだから，答えは簡単，(B)のcompetitive「競争力のある，競争的な」という形容詞が正解になるわけです。

　意味などわかっていなくても，tiveで終わっているのだから，単純に形から考えて形容詞だとわかると思います。ただ，ここでもしadvantageという単語が名詞とわからない場合，それはもうお手上げです。日本語でもアドバンテージというように名詞とわかりますよね。

　(A)competeは，動詞で「競争する」。(C)competitionは名詞で「競争」。(D)competitivelyは，副詞で「競争して」。意味は「小さい会社は大きな会社に比べて市場のトレンドにすばやく反応できるので，競争上，優位に立つことができた」。

5. 文頭が空所という珍しい問題でした。動詞は，ずっと離れているhas decreasedですが，動詞が単数動詞だから，主語も単数形のものを選ばないといけない，みたいな，いわゆる「主語と動詞の一致」みたいな問題じゃありません。

STAGE 03 文型と文の種類の理解で正解に近づける

　文の構造を見てみましょう。空所の次からは，前置詞のinで句が始まっています。どこまで行くかというと，coursesまでいきます。そのあとに，今度は，またまた前置詞のbyがあって，employeesという名詞までいきます。

　この2つの前置詞句が，主語と動詞を遠く引き離してしまっていますね。**英文特有の表現**です。**主語というのは，品詞では何がくるかというと，これも 鉄則3 でやった通り，名詞が来る**わけです。で，まず形の上で，名詞はどれかな，というと，Stage 2が役に立ちますね。正解は，----mentで終わっているので(B) Enrollmentということになります。意味は，「入学，入会」です。

　(A)Enrolledは，(C)のenroll「入会させる」という動詞にedがついただけ。過去形か過去分詞ということ。(D)Enrollsは，それに3人称単数現在のsがついているだけです。

　品詞問題は，意味など考えないで，形と場所だけでも判断できる。それがまだ単語力がない人がまず第一に取るべき戦略です。**なんでも意味で考えていたら，意味がわからなければ解けない自分になってしまいます。**一応，文意は，「会社員の生涯教育を受ける人の数はこの5年間で40%減った」です。

6. The new remuneration system will include a gradual ------- to the old system in order to attract more skilled employees.

(A) corrects
(B) corrected
(C) correctly
(D) correction

　この文の主語は，1語で言え，と言われたら，systemです。動詞も1語で言え，と言われたら，include（〜を含む）という他動詞です。主語があって他動詞があるということは，**SVOの第3文型なので，目的語が必要**ということになります。

　空所の後ろは前置詞句が始まっているので，その前の空所には，他動詞であるincludeの目的語になる名詞が入るとわかりますね。その前には，gradual（徐々の，漸進的な）という形容詞がついています。選択肢を見れば名詞はここでも一目瞭然，正解は----tionで終わっている(D)correctionということがわかります。意味は，「正しくすること」。

　(A)correctsは，動詞で「正しくする」にsがついたもの。sがなければ，形容詞にもなって，correctで「正しい，正確な」。(B)correctedは，単にedがついた過去形か過去分詞。(C)correctlyは，形容詞にlyがついて副詞になって「正しく」。

　いずれも正解以外はこの空所には入りませんね。意味は，「より多くの有能な社員を集めるために，新しい給与体系においては，徐々に古い給与体系が見直しされることも含まれるだろう」。

STAGE 04

名詞と形容詞

ちょっと応用編

　Stage 2では，形容詞と名詞の形に触れ，Stage 3では，文型を用いながら，実際のそれぞれの文中での位置を確認しました。

　そこで，問題です。

実践問題にチャレンジ⑦

7. A recent study of successful businesses shows that a unique ------- of an effective company is the ability to lessen risks.

(A) characteristically
(B) characterize
(C) characteristic
(D) characterizing

　この問題，少し迷いませんでしたか？　もし迷わずにできてしまったという人は，元々この単語を知っていた人か，または，前のStage 3まで，特にStage 2をしっかり学習していない人です。

　まずこの文の構造から見ていきましょう。主語(S)を1語で言う

45

と，studyです。「研究」という，この場合は名詞ですね。その次に前置詞句が付いています。そして，studyに対応する動詞(V)が，showsですね。これがthat節をとっています。

　ということは，that節のことを研究が示している，という文脈構造です。that節ですから，この中に，さらに"S+V"があるということです。そのSが空所になっています。その前は，「冠詞(a)+ユニークな(unique)という形容詞」ですから，空所には名詞がくるはずですね。その後ろには前置詞句(of ～ company)があり，動詞が is です。

　ところが，選択肢の中には名詞のような形がない。それで思わず，ingがついているので「動名詞だ！」なんて，(D)にしてしまった人もいますね。そういう人は見事に引っかかってしまったわけです。

　正解は(C)のcharacteristicです。が，これは，----icで終わっていますね。Stage 2のときに説明した通り，----icで終わるなら，普通は？ そう，形容詞のはずですよね。でも，これは名詞。

　なぜって，それは----icで終わっていても，この単語に限って言えば，名詞と形容詞の両方の機能を持っているからです。意味としては，形容詞なら「特徴的な，典型的な」，名詞としては，「特性，特徴」ということになります。

　(A)characteristicallyは，lyで終わっているので，副詞。(B)characterizeは，動詞。(D)characterizingは，動詞をing形にしているだけでダメです。

　意味は，「成功しているビジネスを調べた最近のある研究によると，業績を上げている会社の1つの重要な特徴は，リスクを減

STAGE 04 | 名詞と形容詞

らす能力に長けているということがわかった」です。こういう例外的な問題も出してくるのがTOEICだと頭の隅に入れておいてください。

　他に，例えばobjectiveなんかがあります。普通の意味は，形容詞で「客観的な」。が，これは名詞になると「目的」になります。TOEICは名詞のほうが好きだったりします。そして残念ながら，この種の特異な問題は予想が困難です。

> **鉄則8** TOEICの品詞問題は，まれに（超まれじゃなくて）形容詞の形をした名詞を試してくることもある。が，それがそのまま形容詞として出される可能性もある。

STAGE 05

TOEICの大御所，副詞登場

形容詞と名詞との関係を見ながら
副詞の代表的な9パターンを見よう

　Stage 4まで，形容詞と名詞に絞って見てきました。ここからは副詞の登場です。**TOEICは副詞が大好き**，これはここ10年前後のTOEICを見ても，これからを考えても変わらない傾向です。

　大事なのは副詞が出没する場所です。副詞は形容詞や名詞よりも出てくる位置が多く，ゆえに副詞が正解となる問題は頻出します。そのためどこに副詞がくるのかを十分に頭に入れておく必要があります。

　が，**副詞が入る場所を学んでも，実際には形容詞や名詞の位置との区別ができなければ意味がありません**。本番では，選択肢は4つ出されるのですから。

　そこで，ここではStage 4までの名詞と形容詞の復習も兼ねて，**副詞の形と位置**をやっていきます。

Exercise 2

Directions: 以下の各センテンスの(　　)内の単語が、そのまま正しければ○、間違っていれば×にして、正しい形にしてください。

【条件】 もし、その単語を変えるとしても、----nessを付ける単語には変えません。

1. Valley Community Bank started an (experiment) project to lend money to startups.
2. The CEO (strong) encourages the employment of local residents.

解答&解説

1. この文の構造を大きく見ると、主語がBank、動詞がstartedという他動詞です。目的語はproject、名詞ですね。

普通、名詞の前は？　そう、形容詞にするんでしたよね。experimentは、「実験」という名詞です。これをprojectを説明する形容詞にするためには、「実験的な」という形にしてあげないといけないので、experimentalにするのが正解です。

ちなみにexperimentは「実験する」という動詞にもなります。この単語を、「経験(する)」ほうのexperienceと勘違いしないようにしてくださいね。わかっていればOK。

意味は、「バレーコミュニティーバンクは、起業して間もない会社(startups)に融資するという実験的なプロジェクトを開始した」。

2. 主語はCEOです。名詞ですね。CEOとは「最高経営責任者」(Chief Executive Officer)のことです。ちょっと話が派生しますが，TOEICでは最近，CEOとそのまま出すようになりました。これくらいの単語は知っててね，ということだと思います。

で，動詞はどこかと見ると，encourages(推進する)です。ということは，SとVは揃っているということなので，その間に入るものが何か考えると，副詞ということになります。よってここでは，strongという形容詞にlyをつけてstrongly(強く)にしてあげるのが正解です。

この副詞ですが，動詞のencourageに意味を付けてくれているわけです。これを俗に「修飾している」なんて言いますが，要は何かに意味を与えてより鮮明にしてくれているのが，"修飾している"ということの意味です。

意味は「CEOはついに株主の要求に屈し，辞任した(resigned)」です。

鉄則 9
- 副詞は，形容詞にlyが付いてできることが多い。
- 副詞は動詞を修飾する。
- 副詞は，主語と動詞の間に入る。

（副詞の出題パターン1）

では，お次の2問です。同じ要領で解いてみてください。

STAGE 05 TOEICの大御所，副詞登場

3. The (different) between success and failure often lies in product marketing.
4. The new communications software increased the employees' productivity (significantly).

3. 簡単だったと思います。differentは「異なる」という形容詞。その前に冠詞のtheがついたら，differentの後ろには，普通は名詞がきます。そして"the＋形容詞＋名詞"という形になるはず。が，ここではすぐにbetween ～～と，前置詞句が始まっちゃってます。

ということは，theの次は，名詞で終えてこの文の主語にしてあげないといけないわけですね。正解はdifferenceという名詞（「差」という意味）に直さないといけないわけです。

名詞は文の主語になることは，Stage 3でやりましたね。これに対する動詞は，lies（～に存在する）です。

意味は「成功と失敗の違いはしばしばその製品のマーケティングに原因がある」。

4. 文の構造を見ると，主語は，softwareで動詞がincreased。ソフトウェアが何かを増やした，と。increaseは，「増える」という自動詞にもなれば，「～を増やす」という他動詞にもなります。だから後ろの単語が大事。

ここでは，productivityという----ityで終わっている名詞があるので，他動詞とわかりますね。ここで意味を考えない。形で名詞

51

とわかればいいのです。我慢。ということは，この文は，SVOという形で立派に文が完結しているということです。

　よって，完結している文の最後につけるのは，原則として副詞。最後の単語がlyで終わっていることから正解はこのままでOKということになります。significantlyは「著しく，多大に」というTOEICが大好きな単語です。この文末にきている副詞も動詞のincreasedに意味付けしているわけです。

　この文の意味は「新しいコミュニケーションソフトによって，従業員の生産性は，著しく向上した」。

鉄則10　副詞は，文が完結した最後に付いて動詞を修飾する。　　　　　　　　　（副詞の出題パターン2）

　お次の2問をやってみましょう。○か×か。×ならどう直すのか。必ず自分で解いて，間違ってもいいから自分なりの答えを考えてから解説を聞いてくださいね。そうしないと伸びませんよ。

5. The revised model should (easy) meet the client's requirements.
6. The plant supervisor is (responsibility) for maintaining the production machinery.

5.　easyというのは誰でも知ってる「易しい」という形容詞です。その前には，shouldとあります。これは助動詞ですね。動詞の前にきて，動詞に意味を加えて助けてあげるから助動詞。他にも助動

詞はたくさんありますね。must, may, might, will, would, can, could, shouldなど。

　ここでの動詞は（　　　）の後ろのmeetです。では助動詞と動詞の原形の間に何か入っていいのか。いいんです。**副詞だけは許されている。形容詞はダメ。**よって，**easyという形容詞を副詞にしてあげないといけない。**正解は，**easily**に直すということになります。

　これもTOEICが大好きなパターンです。例えば本番に出るとすれば，選択肢は，（A）easy（B）easier（C）easily（D）easeなどで出るわけです。

　意味は「修正されたモデルは，顧客の要求を容易に満たすだろう」。

6. 非常に良く見かける単語ですね。responsibility——「責任」です。----ityで終わっているのだから名詞ですね。----ityで終わっている単語は基本的には抽象的な概念を示します。

　主語は，supervisor。スーパーバイザー，まあ監督責任者みたいな人です。orで終わっていたら人の名詞であることが多い。例えば，doctor, visitor, investor（投資家），director, advisor, conductor（指揮者，経営者，車掌）などもありますね。

　orで終わる単語が全て人を意味する名詞ではありませんが（例えばpriorは，「前の」という形容詞だし），名詞である場合がほとんどあることには変わりありません。

　動詞は，is。なので，これはSVCという第2文型であることがわかると思います。**Cには，形容詞も名詞もこれる**んでし

たね。ということは，ここからは，文脈ということになります。特に主語との関係を見ないといけない。

このままresponsibilityを入れると，この文は「supervisorが責任だ」ということになる。おかしいですね。人は当然，抽象名詞にはなれない。ということは，be動詞の後ろは，この場合は，普通の形容詞「責任がある」という形容詞にしなければいけません。

正解はresponsibleに直します。----ibleがついたら形容詞でしたね。意味は，「工場の監督者は，生産機械類のメンテの責任があります」。

鉄則11 ● **助動詞と動詞の原形の間には，副詞が入る。**
　　　　　　　　　　　　　　　（副詞の出題パターン3）
　　　（名詞と形容詞の鉄則は，Stage 3でやっているので，ここでは入れません）

お次の2問も○か×か。×ならどう直すのか。

---

7. The stock price fluctuations are a strong (indicative) of an upcoming merger.

8. After Bill returned from his business trip to Los Angeles, he reported (directly) to headquarters.

---

7. この文の構造は，SVCですね。第2文型。そのCにあたる部分が，indicativeという単語になっています。これは，Stage 2でもやった通り，基本的に----tiveで終わっているので形容詞です。

前には，strongという，これまた形容詞。「強い」ですね。こういう基礎的な単語もTOEICは大好きです。但し，肉体的に強い，という意味では出題されませんが。

で，"be動詞＋形容詞(strong)＋形容詞(indicative)＋前置詞句(of ～)"という形はおかしい。どの文型にもありません。後ろは，of から始まって名詞のmerger(合併)までは前置詞句なので，of の前で文の主要な構造は終わっているということになります。

よって，strongの次には，名詞が欲しい。で，indicativeの名詞形は，indication。まずはこれが正解の1つです。----tionがつく形は名詞でしたね。

が，この単語に限っては，もう1つ別の名詞があります。indicatorです。indicationが「指示すること」という抽象名詞と，もう1つ，「しるし，兆候」という具体的な名詞の両方の意味を持つのに対し，indicatorは，「指標(となるもの)，表示しているもの」という具体的な名詞のみを示します。ここでは，どちらに直しても正解です。

主語は，fluctuations(上下に変動すること)と複数形になっていますが，複数形が主語でも補語(C)はまとめて考えて単数形で受けてaがついていても構いません。

この問題は，**形容詞の次には名詞がくる**ということの確認です。1番と逆のパターンを違う語句でやってみたのですが，できましたか？ 意味は，「株価が変動するのは，これから合併が起こるという強い兆候である」。

8. こういう文を「複文」と言いましたね。Stage 3でやりました。

TOEICが好きな文の種類です。複文とは，1つのセンテンスの中に，従属節と主節の2つ節があるのでしたね。よって，この8番もそうです。

　なので，空所がある節のほうだけ見れば十分です。この場合なら，he reported以下を見ればいいわけです。そこで，（　　）内の前後を見ると，そこにはreport toという動詞句がありますね。動詞＋前置詞(to)という形になっています。この間には必ず副詞が入ります。よって正解はこのままでOKということになります。

　この場合，to headquartersというのは，「本部へ」という場所を表す副詞句になっているわけです。「本部へ直接」ということですから，このdirectlyは，句を修飾していると言えます。

　意味は，「ビルは，ロスから戻ってきた後に直接本部に出向いた」。この場合のreportはtoを伴う自動詞で，「〜を報告する」という意味ではなく，「出向く，出頭する」という意味です。

鉄則12
- **TOEICが好きな複文は，空所が入っているほうの節だけを集中してみれば十分。**
- **"動詞＋前置詞"の間に入るのは，副詞。**
　　　　　　　　　　（副詞の出題パターン4）
- **副詞は，句も修飾する。**

お次の2問です。○か×か。×ならどう直すのか。

STAGE 05 TOEICの大御所，副詞登場

> 9. Lisa intends to (accurate) report what happened in the exhibition.
> 10. The design company decided to employ Sayuri Nakano for her (creative) in designing interesting art work.

9. まずこのaccurateという単語を知らない人，大勢いますね。こういう単語がさっと言えるなら，かなりのボキャブ通です。

　この単語を名詞と思ってしまったり，動詞と思ってしまったり，いろいろな人がいますね。これは，形容詞で，「正確な」という意味です。この問題は，形容詞が果たしてこの位置に入るのか，というのが設問の意図です。

　いいですか，今ここでやっている練習は，TOEICが好きな品詞の出題位置の練習をしてるんですよ。そこで（　　　）の前を見ると，intendです。これは，動詞で，意味的にはwillと同じ。「〜するつもりだ」という意味です。（　　　）の後ろにはreportという動詞があります。今回のreportは，what以下の目的語があるので，「〜を報告する」という他動詞です。

　reportはそのまま名詞にもなりますが，ここは，（　　　）を取っ払って考えると，intend to reportとなって，"intend＋不定詞（to＋動詞の原形）"という形になっているわけですね。その後ろにreportの目的語に当たる名詞節の"what＋動詞"があるわけです。ということは，不定詞の中に形容詞がきていいのか？ いけませんね。不定詞の"to＋動詞の原形"の間には，副詞が入ります。

　正解は，accurateという形容詞にlyをつけて，accurately（正

57

確に)という副詞にする，です。意味は，「リサは，その展示会で何が起こったのか，正確に報告するつもりだ」。

10. (　　)の前には代名詞の所有格のherがあります。「彼女の」ということですね。その前には前置詞のforがあります。**前置詞があったら，最後は名詞がくる，というのが鉄則**。for herときたら，次には，名詞にしないといけません。

　(　　)の後ろは，別の前置詞inから始まっているので，inの前でセンテンスが切れていると考えます。となると，creative（創造力のある）という形容詞ではおかしいので，名詞に直してあげないといけませんね。正解はcreativity（創造力）という----ityのある名詞にする，です。

　ちなみにここをcreationという名詞にしてしまったり，動名詞にしてcreatingにしてしまう人が少しだけいらっしゃるようですが，違います。「作ること」という意味にしてしまうと，後ろにdesigningとあるので，意味がダブってしまうのでダメです。文脈を見て，正しい名詞の形にできるようになってください。

　意味は，「そのデザイン会社は，中野さゆりさんが面白いアート作品を作る創造力があるので，採用を決めた」。

> **鉄則13** 不定詞のtoと動詞の原形の間には副詞が入る。
> （副詞の出題パターン5）

では，お次の2問です。

STAGE 05　TOEICの大御所，副詞登場

> **11.** He was able to obtain the position by (clear) stating his career goals as well as his strengths in the interview.
>
> **12.** Yoshiaki was surprised to see that everything was (perfect) prepared for the event.

11.　（　　　）の前後を見ると，前が前置詞のby。後ろがstate（明言する）という動詞にingがついています。前置詞の後ろに動詞が来る場合，基本的にはその動詞に----ingをつけて動名詞にしてあげます。つまり動詞を形上，名詞にしてあげるのです。

　そして，その前置詞と動名詞の間に入るものは，どうするかというと，必ず副詞にしてあげないといけません。動名詞はあくまでも元は動詞だからです。動詞に意味づけするのは副詞でしたね。よって，clearという形容詞にlyをつけて副詞clearlyにする，が正解です。

　意味は，「彼は面接で自分の長所だけでなく，仕事上の目標をはっきりと言えたので，その仕事に就くことができた」。

12.　文の構造を見てみますと，see以下が，that節（seeという他動詞の目的語になっている"S＋V"）になっていて，その中に（　　　）があるのだからそこだけを集中してみればいいだけのお話です。

　that節の中の主語はeverything。その後は，受身になっています。"be動詞＋過去分詞"で「～されている」というやつです。

　（　　　）の前後を見ると，was prepared（準備されていた）とい

59

うことなので，be動詞と動詞の過去分詞の間に入ることができるのは，副詞ということなります。

　正解は，perfectという形容詞にlyをつけて，perfectlyという副詞にする，です。意味は「ヨシアキは，そのイベントの準備が完璧にできているのを見て驚いた」。

鉄則14　副詞は，受身の"be動詞＋過去分詞"の間に入る。　　（副詞の出題パターン6）

今度は1題だけ。

> 13. Mr. Smith will travel to some Latin American countries next week to research some (potentially) profitable markets.

　potentiallyは，lyがついているのだから，意味はわからなくても副詞であることはわかると思います。後ろのprofitableは，ableがついているのだから形容詞ですね。最後にmarkets（市場）という名詞があります。

　まず原則として，副詞は形容詞を修飾します。potentiallyというのは，「潜在的に」という意味です。よって，このままでOKということになります。TOEICがまあまあ好きな「副＋形＋名」という語順問題です。

　文意は，「スミスさんは，潜在的に利益をもたらしそうな市場を調査するため，来週ラテンアメリカの数か国に行く予定です」。

STAGE 05 TOEICの大御所，副詞登場

ところで，時折質問をいただきます。「形容詞＋名詞の前は必ず副詞なのですか？」と。

そんなことはありません。が，**TOEICでは，という条件を付けると**，「空所＋形容詞＋名詞」というふうに文を出してきて，**空所には，形容詞を正解として入れさせる問題を出題してくることは，まずありません。**

もう少し単純な例で説明します。たとえば，こんな句があるとします。

a ------- old book
　形？副？　形　名

この場合，空所に例えばsmallという形容詞を入れると，small old bookとなります。これ，別に問題ありません。

「小さな古い本」（○）。

このように一般論としては，「形容詞＋名詞」の前にまた別の形容詞を入れよう思えば入れられます。が，**TOEICでは，こういう形では，出題してこない**のです。ボキャブ問題などを除けば。

問題13のコアーな部分だけをもう一度見て振り返ってみましょう。**potentially** profitable markets.でOKでした。

まず，この文から最初の副詞のpotentiallyを外すと，profitable marketsになりますね。これは，「形容詞＋名詞」で当たり前というか，全然OKです。では，次に前にある副詞の**potentiallyのlyを取って，形容詞にして**potential profitable marketsというように「形＋

61

形＋名」にすると成立するか。成立しません。このように**TOEICでは，「空所＋形容詞＋名詞」という問題を出す場合，必ず副詞を入れないとダメなようになっています。**

よって，TOEICで「空所＋形＋名」という問題に出会ったら，空所には副詞を入れるのだ，と覚えておきましょう。もっと言っちゃえば，文法問題に限れば，**「空所＋形容詞」の部分だけを見れば，副詞！と思えばいいだけです。**

さらに実践論！

では，もし「空所＋形＋名」という問題に出会ったとして，選択肢の単語を知らなかったらどうするのか。例えば選択肢が，今回のように

(A) potentialize   (B) potentially   (C) potentiality
(D) potentialness

だったら？　得点アップに執念のない人は意味がわからないので，すぐにあきらめてしまいます。

が，ここで取り上げた「副＋形＋(名)」という法則を知ってさえいれば，簡単に見分けがつきますね。**後ろが「形容詞＋名詞」になってるのを確認できさえすれば，lyがついているのはほとんどの場合副詞なのだから，必然的にカンでもいいから(B)を選べるわけです。**

ちなみに(A)は動詞で「可能性を持たせる」。(B)は正解で「潜在的に」。(C)は，名詞で「潜在性」。(D)は，これまた名詞で「潜在性のあること」です。

では，もう1つ。

> **14.** The team's series of victories over powerful teams is (exceptional) impressive.

　13番の問題と基本的には同じです。ただ，最後に名詞がないだけ。impressiveというのは，----iveで終わっているのだから形容詞です。「印象的」。動詞は，be動詞なので，第2文型。

　これまで何度か出てきていると思いますが，SVCの文は，最後はほとんどの場合は形容詞でしたね。今回の場合，その形容詞の後ろに名詞はないのだから，その前は副詞にしてあげないといけない。

　正解は，exceptionally（例外的に，すごく）という程度を表す副詞にする，です。意味は「そのチームが強いチームに連続して勝ったというのは，すごく印象的だ」。

鉄則15
- 副詞は，形容詞に意味づけ（修飾）する。
- "副詞＋形容詞＋(名詞)"の形を頭に入れておく。　　　　（副詞の出題パターン7）

いよいよラストの2問です。

15. The manager introduced the new employees (short) after the meeting began.

16. After only two years, the company has added (near) 1500 employees.

15. この文を見てみましょう。複文です。"S＋V"のペアーが2つありますね。afterという接続詞がつないでくれているわけです。で，そのafterの前にshortという形容詞があるわけです。

　まず主節のThe ～ employeesまでは，"SVO"という形で文が完成しています。また，従属節のafter以下も同様に完成しています。そこでshortという単語を見ます。これは形容詞で「短い，短時間の」です。**文が完結しているのにヒョコッと形容詞を置くということはできません。**

　そこで時間の副詞節を修飾できる副詞に変えてあげるわけです。つまり**shortly**という副詞にして**後ろの節に意味を付け加える役目**をさせます。単にafterだけなら「～のあと」ですが，shortlyを加えて，「～の後すぐに」という副詞(shortly)にするのが正解です。

STAGE 05　TOEICの大御所，副詞登場

意味は「会議が始まってから少しして，マネージャーは，新しい従業員を紹介した」。

16. nearという単語は，いろいろな品詞を持っています。near the desk(テーブルの近くに)なら，前置詞。near future(近い将来)と言えば形容詞。またまれですが，「近づく」という動詞にもなります。

ということは，基本的には**nearという単語を見たら，後ろを見たい**。ここでは1500という数詞とemployees(従業員)という名詞です。「1500人近く」だから，このままnearでいい，と考えた人もいますね。が，ここはlyをつけて副詞にしないといけない。つまりnearlyにするのです。**意味は，「約」ということ**。

nearlyは**数量を示す名詞を修飾できる珍しい副詞**で，TOEICが好んでちょくちょく出題します。**nearlyときたら，後ろには数量を表す名詞句がきてもいい**，と覚えておきましょう。ちなみにnearだけでも副詞になりますが，その場合は物理的な意味で「近くに」を意味するので，この場合は使えません。

意味は，「わずか2年でその会社は従業員を**約**1500人増やした」。但し，いつも，ではありません。**nearlyは普通に「ほぼ」という意味の副詞として動詞や形容詞を修飾することもできます**。ここではTOEICが好む動詞を修飾する例を挙げておきます。

　The sales this year have nearly passed $2 million.
　(今年の売り上げは，ほぼ2百万ドルを越えた)

他に同様の副詞としては，approximately, almostがあります

65

が，前者は，数量関係の語句の前につくことができるのみ。almostはnearlyと同様に両刀使いです。

> **鉄則16**
> - 副詞は，後ろの節を修飾できる。
> 　　　　　　　　　　　　（副詞の出題パターン8）
> - 一定の副詞(nearly, almost, approximately)は，後ろに数量を示す単語を持ってこれる。　　　　　　（副詞の出題パターン9）

　以上，かなりの数のパターンをやりました。こういうことを丁寧にやらないと，しっかり文法が浸透しません。中には何も考えなくてもできてしまった問題もあると思いますが，何も考えずに正解できている人は，他の問題も考えないで解いてしまうことが多いため，結局，本番では数多く間違えてしまう人でもあります。
　ですから，簡単な問題でもきちんと文法的に説明できることが，本当にできるようになるということです。

　では，ここで復習チェックのための実践問題を3問連続でやってみましょう。1問につき，ここはできれば30秒，最長でも45秒以内で解いてください。

STAGE 05　TOEICの大御所，副詞登場

実践問題にチャレンジ ⑧〜⑩

8. Timothy Hampton's ------- presentation of the product's benefits and long-term cost savings has led to increased orders from customers in his territory.

(A) persuade
(B) persuasive
(C) persuasively
(D) persuasion

9. Ms. Smith was ------- employed at her previous company for more than five years.

(A) stably
(B) stable
(C) stabilize
(D) stabilization

10. The manager will cease his normal duties this month in order to ------- train employees in the new procedures.

(A) special
(B) specially
(C) specialized
(D) specialize

8. 単純に考えて，手短に答えを出したい問題です。いちいち意味なんか考えていたらいくら時間があっても足りません。

空所の前は，人の名詞にアポストロフィーsがついて「〜の」で，後ろはtionがついている名詞です。ということは，ここには形容詞しか入りませんね。

選択肢の中で形容詞になれるのは，意味がわからなくても，----tiveで終わっている(B)persuasive「説得力のある」だけということになります。たまに前がアポストロフィーsなので，次は名詞だ！と思ってしまい，(D)を選んでしまう人もいますが，早とちりは禁物。**必ず空所の後ろも確認する癖をつけましょう。**

(A) persuadeは動詞で「説得する」。(C) persuasivelyは副詞で「説得力を持って」。(D) persuasionは名詞で「説得」。

文意は，「ティモシー・ハンプトンは，その製品の利点と長期的なコスト削減を非常に説得力を持ってプレゼンして回ったので，彼の担当区域で顧客からの注文を増やすことができた」。

9. 世間一般で言うと，つまり，この授業を受けていない人を基準に言うと，TOEIC500点レベルの問題です。が，この授業をきちんと復習してきている人に対して言うと，TOEIC220点レベルの問題です。

まさか，空所には形容詞を入れると思って(B)を選んでいませんよね。あーよかった。be動詞の後ろだから，形容詞だ，----ableで終わっているし……，なーんてね。必ず空所の後ろも見て瞬時に判断するのでしたね。後ろは，employedとなっています。ということは，was employedという受け身になっています。

鉄則14 でやりましたよね。受動態の中には，副詞が入ると。正解は，もちろん(A)stablyです。意味は「安定して」。(B)stable

は形容詞で「安定した」。(C)stabilizeは----izeで終わっているので，動詞で「安定させる」。(D)stabilizationは，----tionで終わっているので名詞で「安定させること」。

センテンスの意味は，「スミスさんは5年以上の間，前の会社で安定して雇用されていた」。

---

10. The manager will cease his normal duties this month in order to ------- train employees in the new procedures.

(A) special
(B) specially
(C) specialized
(D) specialize

これ，まさか(D)を選んでませんよね。つまり，toが前にあって不定詞だから動詞を入れる，とか，考えてませんでしたよね？ 動詞は後ろのtrainですよ。電車じゃない！

「トレーニングするために」ってことです。誰をって，employees(従業員たち)を。in order toは，簡単に言えば，to do ～ということです。「～するために」なので，次には動詞がきます。

そこで，鉄則13 を思い出してください。不定詞の間に何が入るのでしたっけ？ そうです，副詞ですね。正解は(B)speciallyということになります。「特別に」。

(A)specialは形容詞で「特別な」。(C)specializedは，「専門にする，特化する」という動詞の過去形，および過去分詞。または，「特化した」という形容詞。(D)specializeは，「専門にする」とい

う動詞。

　センテンスの意味は,「マネージャーは,新しい手順で従業員を特別にトレーニングするため,今月は普段の業務を停止する予定です」。

コーヒーブレイク

継続という最強の武器

　世の中にTOEICのスコアーを伸ばしたい人は大勢います。私はこれまで数千人の人を見てきました。本当にさまざまですが,敢えて言えば,最終的に大きくスコアーを伸ばす人の特徴は,「学習を続けられる人」です。

　この当たり前の事実がやっぱりとても難しい。多くの人が続けられません。TOEICが好きで好きで仕方のない人なんて,世の中いませんよね。試験ですから基本的には受けなければいけないもの,ですよね。なので,学習過程の中のどこかに継続できる要素,楽しみを見つけられた人の勝ちです。

　よく「英語なんてしょせん手段だから」と言う人がいます。それで伸びている人もいますが,それを真に受けて伸びていない人も世の中には大勢いると想像します。なぜって,そんな大雑把な言い方では,個々人の学習過程が見えてこないからです。英語は手段だ,と言いつつ,学習過程そのものを結構楽しんでいる人,リズムに乗っている人は伸びますが,英語はしょせん手段だといって,否定的な感情のまま仕方なくやっていると,それは苦痛でしかないので全く伸びません。結果,教材のせいにしたり環境のせいにしたりしてしまいます。

　とにかくある一定期間だけでも続けて,何らかの楽しみをそこに見つ

STAGE 05 TOEICの大御所，副詞登場

けて，それが癖になれば勝ちだと思います。短期で伸ばしたいのであれば，何時間も時間が取れないといけません。が，忙しい現代人は，TOEIC対策だけのために1日何時間取れるでしょうか。長期に構えていないと精神的にもよろしくないというのはそこもありますね。

　が，人生いろいろ。仕事上のこと，転職のこと，家族，友人関連のこと，親戚のこと，さまざまありますよね。毎日次々と英語学習を阻害するものがある。「それでも」やれる自分を早く作ることです。

　うちの学校に通っている人を見ていても，伸びる人は生活パターンを決めてなるべく欠席しないようにしてリズムを作ります。それが継続できればしめたものだと思います。その間にやめてしまうと，せっかく上げ潮だったのに，日経平均株価のように結局また落ちてきてしまいます。

　とにかく継続です。

STAGE 06

TOEIC特有の語形問題
ちょっとだけ意外系

こういうのもあり

では，さっそく次の2問を解いてみましょう。制限時間は，1問40秒です。さっと決めるのです！ 間違ってもいいから。

実践問題にチャレンジ⑪&⑫

11. A chief ------- for the rise in popularity of Internet shopping across the country is the convenience that it offers customers.

    (A) reasonable
    (B) reasons
    (C) reason
    (D) reasonably

12. A present ------- of the new committee is that all procedures relating to personal information must be updated to comply with the new legislation.

    (A) prioritize
    (B) priorities
    (C) prior
    (D) priority

STAGE 06　TOEIC特有の語形問題　ちょっとだけ意外系

解答&解説

11. この問題は，約7割くらいの人が正解できる問題です。この問題をやってもらった理由は，ちょっといやらしい問題がTOEICにはあるということを知ってもらいたかったから。空所の前のchiefという単語の品詞をどうとらえるか？――3割くらいの人の勘違いを狙っている問題です。

　この単語には，品詞が2つあります。まずは「主な」を意味する形容詞。もう1つは，「（組織や団体の）長」を意味する名詞です。ここでは，空所の後ろから前置詞句が始まっているので，その前は名詞にならないといけないので，正解は名詞の(C) reason「理由」です。よって，chiefはこの場合，形容詞になるわけです。

　しかし，中には一瞬迷う人もいたと思います。なぜってchiefは日本語でも「チーフ」ということがあるように，名詞かな？ と思えるからです。名詞も形容詞もある単語を前に持ってくる，という嫌らしい問題です。でも，これがTOEICの側面でもあります。

　このステージの前までさんざん副詞をやっていたので，副詞の(D) reasonablyを選んでしまったり，「後ろから名詞を修飾している形容詞だ」と思い，形容詞の(A) reasonableを選んでしまう人もいます。

　また，初めの冠詞Aを見過ごして，複数形の名詞の(B) reasonsを選んでしまう人もいます。こういう問題があること，心しておいてください。

　文意は，「全国的に（across the country）インターネットショッピングの人気が上がっている主な理由は，それが提供する利便さゆえである」。

12. A present ------- of the new committee is that all procedures relating to personal information must be updated to comply with the new legislation.

(A) prioritize
(B) priorities
(C) prior
(D) priority

11番と同じ理由です。presentって，日本語でも「プレゼント」という名詞がありますよね。他に「現在」という意味の名詞もある。同時に形容詞で「現在の」にもなる。「さて，どっちでしょう」ということを一瞬だけ惑わせようとする問題です。

このpresentを名詞と思ってしまった人は，見事にはめられてしまった人です。そこで構造と意味を両方見ていきましょう。まず，(A)prioritizeが---izeで終わっているので，この形は動詞です。意味は「～を優先させる」。これは，もしpresentが名詞としても，3単現のsが付いていないし，また他動詞なので後ろに前置詞がこれないので×ですね。

(B)prioritiesは----ityという名詞を表す単語が複数形になっています。が，初めにAがあるのでそもそも複数形はありえません。

(C)priorは結構選ぶ人がいます。これは基本的には「前の」を意味する形容詞です。使い方の例を見てください。

① 名詞の前に付く。
　〈例〉The client had no prior information about the change.

STAGE 06 | TOEIC特有の語形問題 ちょっとだけ意外系

（そのクライアントは，変更について何の情報ももらっていなかった）

② 名詞の後ろに付いて後ろから名詞を修飾する。

〈例〉They had a meeting prior to their departure.

（出発前に彼らは会議を開いた）

②の場合は，prior toにならないといけません。

よって(C)もだめです。正解は(D)priorityになります。----ityで終わっている名詞で，意味は「優先事項」。よって，その前のpresentは，「現在の」という形容詞だったわけです。文脈的にも「新しい委員会(committee)の現在の優先事項は」なんですから，推測したいところです。

文意は，「新しい委員会の現在の優先事項は，個人情報に関わる処理は全て新しい法律を遵守して(comply with)，アップデートされなければならないということだ」。

> **鉄則17** TOEICの品詞問題においては，時に名詞にも形容詞にもなる単語を空所の前に置いて受験者を一瞬だけ惑わせる問題が出ることがある。

さて，ここからは新しいステージに入ります。まず，次の2問を解いて，自分の選んだ答えだけメモっておいてください。制限時間は1問につき，40秒前後で。

実践問題にチャレンジ ⑬ & ⑭

13. There will be an investigation to make sure that ------- appropriate measures have been taken to ensure the safety of the product.

(A) much
(B) every
(C) almost
(D) all

14. Since we have a limited number of service personnel, please ship ------- equipment in need of repair to the technical support center.

(A) any
(B) many
(C) each
(D) every

　答えはあとで説明しますから，まずはぐっとこらえておいてください。

STAGE 07

名詞の前につく数や量を表す単語たち（1）

不可算名詞と可算名詞 vs 数量詞を理解

　さて，今やった2題は，何を試そうとしている問題かわかりますよね。そう，**数や量の表現について頭の整理ができているのかを試す問題**です。

　こういうのは，忘れた頃にヒョコッと出題され，ミスってしまうという類の問題です。ここで確実にモノにしておいてください。これはTOEICだけに限らず，今後，英語に接していく上でも必ず頭に入れておくべき要所です。

　ポイントは2つ。

---
① **名詞の2種類を分けられること。**
② **それぞれの名詞の前に付けるものを整理して理解していること。**

　まず，名詞の2種類ってなんでしょう？　それは，「数えられる名詞」と「数えられない名詞」でした。**英語は数にうるさい**。ここは日本人にとって重要な点です。

　数えられる名詞を何と言いましたっけ？　**「可算名詞」**と言うのでしたね。で，数えられない名詞，つまり**複数形がない名詞**のことを

77

「不可算名詞」と言いました。

- 可算名詞の特徴は？ 通常は，
    ① 前にaを置いて単数形を表せる。(a book)
    ② sを付けて複数形を表せる。(books)

- 不可算名詞の特徴は？
    そもそも数えられないのだから，aもsも付けられない。
    (furniture：家具)

あたり前のことですけど，それでも本番に出たらできない人が続出します。単語の区別ができない人が大勢いるから。

TOEICは，この名詞の単複だけに絞って出してくることはありません。例えば可算名詞が複数形になったら，形が変わるような名詞とか。極端な話，ネズミは，単数形はmouseだけど，複数形になったらmiceとかね。

で，miceを空所の後ろに置いといて，miceの前に置く選択肢を今回の問題のようにするとかね。出ない出ない。そもそもネズミなんかTOEICに出ない。出たらひっくり返っちゃう（笑）。

でも，ネズミほど極端でなくても，単複で形が変わる名詞は結構あります。たとえば「分析」を意味する名詞の単数形は，analysisです。これが複数形になるとanalysesになります。だけど，その違いを試すような問題はTOEICに出題されない。

実際に試されるのは，あくまでも可算なのか不可算なのか，日本人がよくわからなさそうな名詞を，それらの名詞の前に付く語句（数量詞）と共に出してくるわけです。

STAGE 07 名詞の前につく数や量を表す単語たち(1)

まずは絶対的な不可算名詞を意識する

　可算名詞と不可算名詞を具体的に挙げること，できますか？ 世の中は可算名詞のほうが圧倒的に多いです。だから最初に**大事なのは，不可算名詞がある程度言えること**。「これは英語では数えないよなあ」と，とりあえず頭で理解できていることです。

　例えばなんですか？ いくつか挙げてみてください。

　　money?　　もー，お金のことばっか考えてんだからあ。
　　water?　　ん～～，いいけど，なんか原始的だなあ。
　　sky!?　　「空」……ね，ん～，いいけど，TOEICに「空」は出ないと言うか……。他は？

　　　coffee, tea, sugar, pleasure, rain, paper……

まあね，いろいろありますよね。こういった単語を知っていることは大事です。**一方でこういう単語がTOEICの問題にまともに絡んでくることはない，ということを知っておくことも大事**です。これらは確かに不可算名詞だけど，TOEICにはぶっちゃけ出ません。問題文の中には，まあ入っているかも知れないけど，選択肢には絡んでこない。

　だから，なんていうのかなあ，もっとTOEICライクな単語が欲しいわけです。もう少し大人の単語っていったら変かもしれないけど，例えばStage 2(p.22)でもやった，information(情報)なんて，典型的でしょ。TOEIC版，不可算名詞の大御所。informationsとは言えない。不可算なんだから。他には，例えば，

　　importance(重要性)，**equipment**(装備，備品)

news（ニュース，知らせ，報道），interest（興味，利益），recognition（承認），advice（助言）……

けっこうありますね。もしTOEICで不可算名詞とそれに関わる数量詞の問題が出されるとすれば，絶対に複数形はありえない単語が絡んできます。

例えば，さっきの13番の空所の後ろのknowledgeなんてどうでしょう。「知識」ですよね。数えようがないから複数形になりえない。informationと同じでしょ。こういうのが，TOEICが出してくる完全なる不可算名詞の問題なわけです。

それぞれの名詞に付く数量詞を理解する

名詞に2種類あることを確認していただきました。また，名詞が単数と複数で形が変わるとかいうような問題は出ないことも説明しました。

そこで，TOEICで大事なのは，それぞれの名詞の前に付く数や量を表す語句です。それを数量形容詞と言ってもいいですし，数量詞と言ってもいいです。ここは練習問題をやって確認しましょう。

STAGE 07 名詞の前につく数や量を表す単語たち(1)

Exercise 3

Directions: 下記の各単語は，次の3つの単語(information, magazine, magazines)のどの単語の前につけることができますか？ 中には2つ以上に当てはまる単語もあります。また，どれにもくっつけられないものも入っています。その場合は×にしてください。即決してください。

その前に。

ここで，この3つの単語について説明しておきます。1つ目のinformation(情報)は，先ほど説明した通り不可算名詞ですね。それに対し，magazineは「雑誌」ですから当然，単数形もあれば，複数形もある可算名詞です。ここは数量詞の練習なので，あえてわかりやすく，雑誌のmagazineを使うことにします。

それではスタート！

下記の各単語 + information, magazine, magazines

1. several _____
2. each _____
3. almost _____
4. most _____
5. every _____
6. a few _____
7. few _____
8. a little _____
9. little _____
10. some _____
11. those _____
12. all _____
13. much _____
14. enough _____
15. no _____
16. plenty of _____
17. hundreds of _____
18. any _____
19. many _____

解答&解説

これが簡単にポンポン正解にできた人は，かなりの実力あります。たいていの人は，ん〜〜？ と迷う単語があるものです。

1. several

「いくつかの」を意味します。**可算名詞の複数形にしかつけない**ので，正解はmagazinesだけになります。よく比較されるのがsomeですが，これは不可算名詞にもつくことができます。

2. each

「それぞれ(の)」を意味します。**可算名詞の単数形だけにつきます**ので，正解はmagazineだけになります。

3. almost

これは「ほとんど」を意味する単語ですが，いかんせん副詞です。なので，名詞の前に付けない。よって×です。Stage 5の15番でも説明しましたが，**副詞なので，基本的に名詞の前にはつけません**。意味から考えると名詞の前につくように思ってしまうのも致し方ないけど……。

4. most

これは，比較の単語としての最上級のthe most(最も〜)ではなく，単体としての most なので注意してください。意味は「大半(の)」で，形容詞にも代名詞にもなります。

STAGE 07　名詞の前につく数や量を表す単語たち(1)

　今回の練習の場合は名詞の前に付けるかどうかなので，形容詞としてどれに付けるかが設問の意図です。正解はinformationとmagazinesの両方に付けます。つまり**不可算名詞にも，可算名詞の複数形にも付ける**ということです。

5. every

　「すべての」を意味する形容詞ですが，後ろには通常は単数形の名詞しかこれません。一般には，**可算名詞の単数形がきます**ので，magazineが正解です。
　が，TOEICはもう少し小細工してくることがあります。それはevery three weeksのように"every＋数詞＋可算名詞の複数形"という形です。これは例外的ですが，アリです。この場合なら，「3週間ごとに」という意味になります。
　さらに言うと，まれに不可算名詞について強調して言う場合があります。よって，every informationと言えます。あらゆる情報を持っている，というような感じで言う場合です。なので，informationも正解です。

6.&7. a fewとfew

　この2つは同じ扱いなので，一緒に答え合わせをしてしまいましょう。この2つは意味に多少の違いがあるものの，**可算名詞の複数形にしか付きません**。よって正解は，magazinesだけ，ということになります。
　fewは「ほとんど〜ない」，a fewは「少しだけある」という意味上の

ニュアンスの違いはあるものの，そんなことは受験英語ならいざ知らず，TOEICでは出題されません。「選択肢の(A)がfewで(D)がa fewだったので迷っちゃいましたよ，センセー」なんて声は聞いたことがありません。但し，**(a) fewの後ろに可算名詞が来る，ということは覚えておいて損はない**でしょう。

8.&9. a littleとlittle

この2つもペアーでやりましょう，6と7と同じ「少し」を意味しますが，こちらは**不可算名詞だけにつきます**ので，informationだけ，が正解です。ニュアンスの違いもfewとa fewと同じです。

10. some

「いくらかの」という意味の単語です。これはseveralのところでも言いましたが，**不可算名詞と可算名詞の複数形の両方につきます**。よって，正解は，informationとmagazines。可算名詞にしか付かないと誤解している人が多いです。

11. those

thatの複数形で「それらの，あれらの」。当然，**可算名詞の複数形にだけ付く**ので，magazinesが正解。

12. all

「すべての」ですが，**可算名詞の複数形にもつくし，不可算名詞にもつく**ことができます。正解は，informationとmagazines。

STAGE 07 | 名詞の前につく数や量を表す単語たち(1)

13. much

「たくさんの」を意味するという意味でmanyと同じですが，こちらは不可算名詞だけにつくのでしたね。よって，informationが正解です。

14. enough

「十分な」という意味の単語です。これは不可算名詞と可算名詞の複数形の両方につきます。よって，正解は，informationとmagazines。

15. no

「少しの～もない」を意味しますね。不可算名詞と可算名詞の複数形の両方につきます。よって，informationとmagazinesが正解。

16. plenty of

「たくさんあって十分な」を意味する句です。つくものは，不可算名詞と複数形の可算名詞です。よって，informationとmagazinesが正解。

17. hundreds of

「何百もの」を意味する句です。普通，200という場合，例えば，two hundred people（200人）というようにhundredにsをつけませんね。が，「何百もの～」という場合は，hundredにsをつけるの

です。この後ろには当然**複数形の可算名詞が来ます。**よって，magazinesが正解。

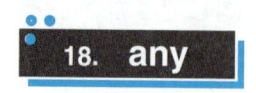

18. any

まさになんでもござれ，という単語です。正解は3つすべて**どれにでもつけられます**。意味は，いろいろですね。「どれか，何か，どれも，どれでも」。

19. many

余りにも基礎ですね。「多くの」で，**可算名詞の複数形だけにしかつかない**ので，magazinesが正解です。

以上，できましたか？ いかに自分が勘違いしていたか，結構悟れると思います。

〈注〉 今回の以上の語句はすべて形容詞，または形容詞的な働きをする句としての説明をしています。名詞の前に付く単語を学ぶという主旨だけのために特化して学んでいるからです。
　これらの単語の中には，形容詞の他に副詞になったり代名詞になったりするものもありますが，ここでは基礎力を強化することだけに専念しています。いろいろ出てくると，ほら，みんな何がなんだかわかんなくなっちゃうから。まずは基本だけで十分です。すべてはスコアーアップのために。

STAGE 07 名詞の前につく数や量を表す単語たち(1)

鉄則18　不可算名詞と可算名詞につく数量詞を，徹底して覚えておく。

　さて，ここまでやって，もう一度，前回(Stage 6)の実戦問題を見てみましょう。13番から。

　ここまでやっている途中で，もう答えが出てしまった人もいると思います。でも，念には念を。最初から検証してみましょう。

---

13. There will be an investigation to make sure that ------- appropriate measures have been taken to ensure the safety of the product.

　(A) much
　(B) every
　(C) almost
　(D) all

　まず，全体の構造を見るとthere構文(存在を示す「～がある」を意味する)です。investigation(調査)があると。この単語を知らなくても，----tionで終わっているのだから名詞とわかりますね。主語です。

　そしてto不定詞が続きます。厳密に訳せば「～するための」というつながりです。make sureというのは，「～を確認する」というのが原義の句動詞で，他動詞と同じでthat節を取ります。ここではそのthat節の中の一番最初に空所があるわけですから，that節

87

の中だけを集中して見れば十分です。

　主語はどれでしょう？　1語で！　measuresですね。複数形の名詞です。動詞がhave been takenです。「このmeasuresという単語には何がくっ付きますか？」というのがこの問題の主旨です。

　このmeasuresという単語ですが，TOEICではこういう問題のときの判断材料となる単語が結構いやらしい名詞になっていることが多いです。例えば，普通bookと言えば，1冊ならa book，2冊以上なら，booksになりますよね。では実際にTOEICで，booksというような単複がわかりやすい単語が空所の直後にきて出題されるかというと，あまりないです。

　一方，今回のようなmeasuresという単語はどうでしょう。これはいろんな意味がありますね。「方法，やり方，処置，寸法，測定，程度，手段」，……なんかこう，日本人にとっては数えられるのか数えられないのか，よくわからないけど，とりあえずこの問題ではsがついているから数えられるということはわかる，というような感じではないでしょうか。

　そういう単語が出てくるのが本番のTOEICです。ちなみにTOEICでは今回もそうですが，measureという単語は，普通「やり方，処置，手段」という意味で出てきます。野球のメジャーリーグのメジャーは，major（大多数の，メジャーな）なので，間違えないように。

　さて，このmeasuresという単語ですが，深く考えることもないのが，またTOEICです。やっぱり数えられる名詞だからこそsがついているのだから，ああ数えられるんだなあ，と思えばいい

のです。

　さらに細かく言うと，TOEICはその間に，形容詞を１回かませることがある。この場合なら，appropriate（適切な）です。いきなり"空所＋measures"とやらない。わかりやすくなっちゃうから。こういうところに試験問題を出す側の心理が見え隠れしますね。惑わされちゃいけない。

　もちろんダイレクトに形容詞を入れないで，"数量形容詞＋名詞"とする問題も出ます。確率は半々。意外にもこういったところを意識できているかいないかは，チリも積もればって感じで，まとまると大きな得点差になります。

　正解は，(D)のallですね。これ，measuresと複数形になっているから，「すべての」と思って，(B)のeveryにした人，いるでしょう。だめなんです，everyを意味で考えちゃ。everyは基本的に単数形をとるんでしたね。先ほどのExercise 3の5番でやりましたね。

　また，1～2割くらいの人が，(A)のmuchにします。much appropriate measuresと言えるか。言えませんね。muchは不可算名詞にしかつけないから。意味は，「製品の安全を確保するために適切な処置が取られているかを確認するための調査が（今後）あります」。

　今度は14番。

14. Since we have a limited number of service personnel, please ship ------- equipment in need of repair to the technical support center.

(A) any
(B) many
(C) each
(D) every

　これもExercise 3をやったあとなら，ちょろかったと思います。初めからできていた人は，かなり文法に強い人です。空所の直後にequipmentという不可算名詞がきています。(B)～(D)は，どれも可算名詞にしか付くことができません。よって正解は(A)ということになります。このanyですが，なぜか今だに「anyは，疑問文や否定文にしか付かない」と思っている人がいます。そんなことはありません。肯定文にも使えて，その場合は「なんでも」を意味する，可算名詞にも不可算名詞にも付ける単語です。文意は，「サービス部の人間が限られているので，修理が必要な器具は，(どれでも)テクニカルサポートセンターに送ってください」。

STAGE 08

名詞の前につく数や量を表す単語たち（2）

逆パターンの出題：可算名詞という曲者

　ここで前のステージの実践問題のNo 13をもう一度見てください。この問題です。

---
13. There will be an investigation to make sure that ------- appropriate measures have been taken to ensure the safety of the product.

　この問題は，measuresという可算名詞の複数形に対応する数量詞のallを選ばせる問題でした。でも，数量詞関連の問題は，常にこの13番のように数量詞を選ばせる問題が出されるわけではありません。逆のパターンだってあります。そのほうが難しかったりする。

　つまり，"数量詞＋空所"ということで，空所の中には，同じ単語を基にした選択肢が4つ出されて，前についている数量詞に合う名詞を選ばせる問題が出ることもあるわけです。例えば，この問題で言うなら，

　　　"all appropriate -------"
という問題も考えられるってことです。

91

そしたら，前にallがあるんだから，可算名詞の複数形を選ばないといけない。問題文によっては，間に入ってきた形容詞，この場合なら，appropriateさえなくて，そのまま，
　　"all / every / few / several / some など＋空所"
なんて形の問題が出ることだってあります。
　問題は，こういうときに，適切な可算名詞の複数形が判断できるかどうかです。名詞だから簡単とはいかないこともあります。sが付いたからといって，みんな名詞の複数形じゃないから。

　そこで，今度はこのような判断ができるようになるための練習をします。全てsomeが付いています。

STAGE 08 名詞の前につく数や量を表す単語たち(2)

Exercise 4

Directions: 以下の各文において，適切なほうを選んでください。

1. We have some (opens / openings) in the accounting division.

2. We have some (inquiries / inquires) from a customer.

3. We have some (responds / responses) from the advertisement.

4. We have some (operates / operations) in the region.

5. We have some (delivers / deliveries) in storage.

6. We have some (findings / finds) from the study.

7. We have some (complains / complaints) from several clients.

8. We have some (representatives / represents) from that company.

9. We have some (produces / products) for marketing.

10. We have some (images / imagines) of the type of company logo we want.

解答&解説

　この問題のポイントは，someという数量詞の後ろに付くものの判断でした。多くの生徒さんが誤解してしまっている単語のペアーを一部，取りあげてみたものです。

　では，正解を見ていきましょう。

1. We have some (opens / openings) in the accounting division.

　正解は右側のopeningsです。これはsを取れば，不可算名詞として通常は，「あくこと，開放」ですが，可算になる場合は，「(地位や職の)空き，就職口」という具体化された名詞になります。

　an openingと言えば，1つ仕事の地位が空いているということです。TOEIC的なのはこちらの可算名詞のほうですね。「経理部にいくつか空きがあります」という意味です。

　opensを選んでしまった人はかなりヤバいです。これはあくまでもopenという動詞，または形容詞にsが付いているだけ。これは名詞じゃないから，someには付けませんね。TOEICはこうやって出題してくるのです。

　本番は選択肢が，4つあるのだから，このopensとopeningsに加えて，さらにもう2つの選択肢は，opening, openedかもしれません。本番では，まず2つに絞るのが第1段階，そしてその2つから1つ最適なほうを選ぶのが第2段階ということになります。それを瞬時にやるわけです，本番では。

STAGE 08 名詞の前につく数や量を表す単語たち(2)

2. We have some (inquiries / inquires) from a customer.

　正解は左側のinquiriesです。これは「質問」を意味する名詞で，通常は可算名詞です。よって，someが付いてOK。お客様から (from a customer)，「いくつか質問がきている」ということです。
　1つの質問なら，an inquiryでいいわけです。不可算名詞として扱われることもまれにありますが，TOEIC的には断然，可算名詞と覚えておきましょう。右側はinquire (尋ねる，質問する) という動詞にsが付いているだけです。

3. We have some (responds / responses) from the advertisement.

　正解は右側のresponsesです。この単語は，一般的な「反応」とか，日本語でも言う「レスポンス」という意味では不可算名詞ですが，1回1回の反応というように物事が具体的になって話者がそれを指している場合は，可算扱いでaが付いたり，今回のようにsome responsesと，複数形になりもします。
　左側は，動詞のrespond (反応する) にsが付いたものです。「その広告からいくつかの反応があった」。

4. We have some (operates / operations) in the region.

　正解は右側のoperationsです。この単語は，一般的な「働き，機能，操業」という意味では不可算名詞で，複数形になりませんが，会社に関わるような実際に稼動している事業や活動を具体的に指す場合は，some operationsのように可算名詞の複数形にな

95

ることが多いです。

　もちろんoperationは，「手術」という可算名詞としての意味も，別にありますが，その意味でTOEICに出されることは，ほぼ皆無だと思われます。左側のoperateは「作動する」という動詞にsが付いているだけです。「我々はその地域で，いくらか事業を行っています」。

5.　We have some (delivers / deliveries) in storage.

　正解は右側のdeliveriesです。この単語は，一般的な「配送，お届け」という意味では不可算名詞で複数形になりませんが，「配送物」というように具体的なモノを指すと，可算名詞になります。今回の文はまさにその例です。それにsomeが付いて「いくつかの配送物」という意味になります。左側のdeliversは，deliver（運ぶ，届ける）という動詞にsが付いている単なる動詞です。「いくつかの配送物が保管してありますよ(in storage)」。

6.　We have some (findings / finds) from the study.

　正解は左側のfindingsです。ingが付いても立派な名詞，それも可算名詞で「発見したこと」という意味です。右側は，ご存知の通り，動詞のfindにsが付いているだけです。「調査して発見したことがいくつかあります」。

7.　We have some (complains / complaints) from several clients.

STAGE 08 名詞の前につく数や量を表す単語たち(2)

　正解は右側のcomplaintsです。これは，通常，可算名詞で，「不平，不満」を表します。**日本語の「クレーム」に当たる単語**がこれです。

　左側のcomplainsは，動詞のcomplain(不平を言う)にsが付いているだけです。「何人かのクライアントから苦情が来ています」。

8.　We have some (representatives / represents) from that company.

　正解は左側のrepresentativesです。これは，通常，可算名詞で，「代表者」を表します。sが取れると，形容詞にもなり，「象徴する，代表の」というような意味になりますが，形容詞として，TOEICに登場することはほとんどありません。

　右側のrepresentsは，動詞のrepresent(代表する，意味する)にsが付いているだけです。「あの会社から何人かの方がこられています」。

9.　We have some (produces / products) for marketing.

　正解は右側のproductsです。これは，通常，可算名詞で，「製品」を表します。TOEICが最も好む単語の1つです。

　左側のproducesは，動詞のproduce(生産する)にsが付いているだけです。このproduceには，集合名詞として，「農産物」という特殊な意味がありますが，TOEICにはほぼ無関係です。「(販売のための)製品がいくつかあります」。

> **10.** We have some (images / imagines) of the type of company logo we want.

　正解は左側のimagesです。これは，日本語でも「イメージ」と言うように，通常，可算名詞で，「心に浮かぶ映像や考え方」を表します。
　多くの場合，an image や the imageとして，単数で扱われますが，今回の文の場合のように会社のロゴのイメージをいくつか〜という文脈では，見事に複数形になります。
　一方，右側のimaginesは，動詞で「想像する」のimagineにsが付いているだけです。これまた勘違いで右を選んでしまう人がいます。ジョン・レノンの歌と同じIMAGINEですよ。「会社のロゴとして欲しいイメージがいくつかあります」。

STAGE 08　名詞の前につく数や量を表す単語たち(2)

品詞の区別ができるようにしよう

　以上，見てきましたが，どうでしたか？ここでは，多くの人がどこかあいまいにしている，似たような動詞（や形容詞）と名詞の区別を，故意に動詞にsをつけて練習してみました。勘違いしているものがあったら，ここで修正しておいてください。

　この問題は，感覚で答えが合っていたり，正解だったけれど，勘違いしていた別の理由で正解だっただけ，というのも非常に危険です。

　英語は勘違いしていることを1つ1つ修正していく作業の連続です。これは英語を追求する限り続きます。毎日発見です。もしあなたが将来的には800点超えとか900点を目指すなら，ここら辺は軽くパスしておいてくださいね。

　TOEICは明らかに可算名詞であるとわかるような，bookのような問題を出すというよりは，通常は不可算として認識されているような名詞だが，一方で具体化されると複数形になって可算名詞扱いになるような単語が好きなのです。つまり日本人が最も苦手なところを突いてくるわけです。

鉄則19

- TOEICの数量詞関連の問題は，時に似たような品詞を2つ出して，知識が曖昧でないかどうかを試してくることがある。
- 普段は不可算名詞と理解できそうな単語でも，具体化すると可算名詞になることが多い。TOEICはそういう単語も好き。

STAGE 09

みんなが混乱している
TOEIC時制のツボ(1)

TOEICも好きな3大副詞と時制の関係

　ここからいよいよ時制に入ります。時制について，まずは大雑把（おおざっぱ）に触れておきましょう。

「時」を表すという動詞の重要な役目

　時制というのは，**基本的に動詞の形が変わって，その文が表している「時」が変わること**を言います。動詞の形が変わるだけで，「いつの話をしているのか」，ガラっと内容が変わってしまいます。それが「過去」の話なのか，「今」の話なのか，はたまた「未来」の話なのか，それを意識しないといけません。

　母国語だったら，ほとんど意識しないのに，**英語になったらすごく意識しないといけない**んです。また，英語の時制には，ちょっと日本人では感覚的に理解できない部分もあります。そこが結構悩ましいところです。

　よくやってしまうことの1つに，みなさんが英文の意味を言うとき，必ず過去形で言ってしまう癖はないでしょうか。それが現在形の文であるにもかかわらず，私が「ちょっと意味を言ってみてください」というと，「〜だった」と訳してしまったりする。こういうのも無意識の癖で時制がおざなりになっている証拠です。

STAGE 09 みんなが混乱しているTOEIC時制のツボ(1)

　英語は"S+V"という語順の言語なので，動詞がいきなり出てきます。だから，後ろから，後ろから後戻りして読もうとする日本人は，動詞の時制はどうでもよくなり，多くの人が過去形のように意味を取ってしまうということが日常茶飯になってしまうんです。その点も頭の片隅に入れながら，話を進めて行きましょう。

TOEICにおける時制問題

　TOEICに出題される動詞の問題は，大きく分けて4つあります。

> ① 純粋に時制の問題。これには時制に絡む副詞(句・節)が大いに絡んでいます。
> ② 純粋な態の問題。
> ③ ①と②をミックスした問題。
> ④ 助動詞の問題。

　ここがゴチャゴチャになって，簡単にまとめられてしまうと，学習する側は混乱してしまいますよね。かといって，細か過ぎ，基礎を扱い過ぎも本番のTOEICと離れてしまい危険です。今回このStage 9～Stage 11では，上の①のみを扱っていきます。
　さて，純粋な時制の問題が，2008年初頭より増え始めています。これは，ずっと問題を見つづけている人間にとっては驚くべきことです。元々動詞関連の中で，これから扱う「時制」に関わる問題は，2000年前後，つまり1996年から2002年くらいまでは頻出していましたが，2003年あたりから出題の減少傾向が鮮明になり，グンと

減りました。多くの対策書が扱ったせいかもしれません。

　が，ここのところ再び増える傾向を示しています。この時制の問題は，これまでは2回に1回程度の割合で，全問中1題か2題出ていたのが，ここのところほぼ毎回，多いときで4〜6題程度出題されるようになってきているのです。が，TOEICは気まぐれ。再び忽然と姿を消すかもしれません。

　時制はみんなできません。多くの人が**きちんと理解していないまま大人になっちゃったか，忘れちゃった**，というのが実情です。なので，多くの誤解があり，説明しても説明しても何度でも間違ってしまう人がワンサカいらっしゃいます。

　みんな部分部分ではわかっているのですが，いろんな時制が絡んで文になっていたりすると，途端に？？？？となってしまう人が多いのです。

　初めに1つ覚えておいて欲しいことがあります。それは**TOEICでは，出るとしても特殊な時制の問題はほとんど出ない**ということ。なので，一般の参考書を読むことは大事ですが，「参考書」というだけあって，余分なことまで（例外的な例まで）たくさん載っているものも多いです。

　それはそれで大事なのですが，ことTOEICということに限って言えば，**原則だけ理解しておけば十分対応できる**ということは覚えておいてください。その原則だけでも「こんなにあるの」という声も聞こえてきそうですけど（笑）。

　あの，これは「参考書は一切不要」と言っているわけではないですからね，その辺，誤解なきよう。

　そこで問題です。2つ。1問40秒程度で解いてみてください。

STAGE 09 みんなが混乱しているTOEIC時制のツボ(1)

実践問題にチャレンジ⑮&⑯

15. As Mr. Walinski ------- for his daughter's wedding already, we will have to wait until next week to contact him.

(A) is leaving
(B) will leave
(C) leaves
(D) has left

16. The project was initiated last year, and it ------- has not been completed.

(A) yet
(B) already
(C) still
(D) ever

15. この問題は、ずばり副詞のalreadyを見落とさなかった人の勝ちってやつです。この副詞は、「すでに」を意味していますよね。ということは、現時点ですでに完了してしまっていることを示す時制を選ばないといけません。

よって正解は現在完了の(D)has leftということになります。現在完了の中の「完了」ですね。文意は、「ワリンスキーさんはすでに娘の結婚式に行ってしまったので、彼にコンタクトするには来週まで待たなくてはいけない」。

現在完了の問題の場合、TOEICでは通常このようになんらかの

103

完了表現と結びつく副詞を文の中に入れてくれていますので，すぐにわかると思います。場合によっては，親切にも下線の直後にalreadyを入れてきてくれていることさえあります。

さて，仮説ですが，もし仮にここにalreadyがなかったらどうでしょうか。

すると，まず(A)is leavingが正解になります。進行形は近い未来を表せるので。また，(B)will leaveだって可能です。これから出かけてしまうので〜，という文脈になりえます。

(C)leavesは，確定的な未来の予定に使われることもあるので可能と言えば可能ですが，個人的な所用で使われるというよりは，会社の予定で「明日，香港事務所に出発することになっている」みたいな文で使われるので，可能性は半々です。また，この使い方はTOEICでは試されません。今後はわからないけど。

こうして見てくると，副詞1つで動詞の時制がガラッと変わることがわかるでしょう。

---

16. The project was initiated last year, and
it ------- has not been completed.

(A) yet
(B) already
(C) still
(D) ever

この問題で(D)everを選ぶ人はほとんどいませんね。さすがにeverは，Have you ever 〜と疑問文などで使うというのが一番日本人がイメージしやすいためか，ここには入らないと感じます

STAGE 09　みんなが混乱しているTOEIC時制のツボ(1)

よね。実際，入りません

　実際かなりの人が(A)yetか(C)stillを選んでいますね。(A)を選んだ人は，notに目をつける。not yetだ，「まだ〜ない」という意味になると。実際，文脈上は「まだ〜ない」でもいいのですが，いかんせん**位置がまずい**。

　yetは，notのような否定語と共に使われますが，位置に気をつけたいですね。

　　① It has not been completed yet.
　　② It has not yet been completed.

　これら2つならOKです。よって，ここでは×。

　正解は，stillになります。「依然として」という副詞です。主に現在完了と現在(または過去)進行形と結びつきます。文意は「そのプロジェクトは昨年スタートしたが，まだ終わっていない」。

　(B)のalreadyは，そもそも否定文とは通常はつながらないので，ダメです。つながる例が辞書などに載っていますが，そこまでTOEICは試してきません。あくまでも常識がわかっていればいいのです，TOEICは。

　さて，このステージで扱うのは，今やっていただいたalreadyとstill，そしてyetという**現在完了と最も結びつく基本の副詞3つ**です。これらは，いろいろな参考書で扱われている副詞ということもあり，TOEICとしては出しにくいらしく，頻繁に顔を出すというよりは，忘れた頃に出すよう心がけている，みたいな類の副詞です。

現在完了って何だったっけ？

　現在完了は，日本人が最も理解できない時制です。現在完了が表す意味は基本的に3つありました。1つは，これからここで扱う「完了」。あとの2つは，「経験」と「継続」です。

　現在完了の誤解の大元――それは，日本人にとっては過去形に思えるということです。これまでも，そしてこれからも。次の文で考えてみましょう。

　　I have finished the job.　…(A)

　訳すと，「私はその仕事を終えました」となります。これは過去のことなのか，現在のことなのか，と問われたときに，「終えました」と，つい言ってしまいます。「終えたところです」なんて，よほど意識して勉強している人でないと言えないでしょう。

　このように日本語では過去形で訳さざるを得ないがために，現在完了は「過去のことだ」と思ってしまう人が多いのです。これがいろいろなところで出てきてしまう。私が，何度も「これは現在の状態を言っているのです。だから現在のことだと考えてくださいね」と言っても，みなさん，なかなかわからない。でしょ。

　(A)の文は，「現時点における完了」を表しています。確かに終わったのは数分前のことかもしれないけど，実際は終わって「今はフリーだ」とか，「もうランチに行ける」とか，「今日は早く帰れる」とか，そういうことを裏の意味として持っているわけです。

　必ずそういうシチュエーションがあって，現在完了の「完了」というのは使われているのです。だから正確に訳せば，「私はその仕

事を終えて，今があります」みたいな感じです。

そこで，この現在完了の「完了」と非常によく結びつくのが，**already, yet, still**の三羽烏です。これらの副詞は，他の時制，例えば過去形とか現在形とくっつくときももちろんありますが，まずは，TOEICでは基本的に現在完了とくっつくと，心しておいてください。

ここで，この3つの副詞の要点をマスターしてしまいましょう。以下にそれぞれの副詞の特徴をまとめておきます。

alreadyの用法

① 「すでに，もう」を意味する。

　ある物事が，現在の時点ですでに完了していることを示します。

② 肯定文にも疑問文にも用いられますが，TOEICでは肯定文の中のそれを知っておけば十分。

③ 位置は2つ。

　(A) have/has＋already＋過去分詞

　　I have already finished the job.

　　（すでにその仕事を終えました）

　(B) have/has＋過去分詞＋already

　　I have finished the job already.

　　（すでにその仕事を終えました）

　　(A)のほうが，alreadyの位置としては普通です。が，TOEIC は(B)の位置のほうが好きです。

④ 過去形と使われることもある。

He already finished it.

（彼はすでにそれを終えていた）

が，これがTOEICで出された記憶は私にはありません。あとでやりますが，「過去完了形」とならalreadyが使われて出題されることはよくあります。

stillの用法

① 「いまだに～している」を意味する。

ある物事が，依然として継続していることを強調する副詞。

② 主に肯定文で使われます。

③ 位置。have/has notという否定の語句と使う場合は，その前にもってこないといけません。

He still hasn't finished the job.

（彼はまだその仕事を終えていない）

④ stillは現在進行形とも使われることは覚えておきたいところ。

He is still working on it.

（彼はまだそれに取り掛かっている）

yetの用法

① 基本的にnotと共に使われ，「今のところ，まだ～ない」を意味し，これから起こりそうなことを示唆する。

② 位置は2つ。

(A) have/has not＋過去分詞＋yet

STAGE 09　みんなが混乱しているTOEIC時制のツボ(1)

　　She has not finished the job yet.
　　（彼女はまだその仕事を終えていない）
　(B) have/has not＋yet＋過去分詞
　　She has not yet finished the job.
　　（彼女はまだその仕事を終えていない）
③ 主に否定文と疑問文で使われるが，そもそも疑問文など，TOEICには（少なくともPART5では）出ないので，**否定文で使われる**と覚えておきたい。
④ 特殊な形。"have/has＋yet＋不定詞"で**「まだ〜ない」**を意味する。同じ意味でも特殊な言い方もある。
　　She has yet to finish the job.
　　（彼女はまだその仕事を終えていない）
　＊ずーっと昔にこの形で出題されたことがあります。yetを入れる問題。3年に1度の問題かも。

　以上の副詞は，現在完了以外の時制とも使われることはあります。が，まずは現在完了との組み合わせで覚えておいてください。ただし，alreadyに限っては，現在完了に加えて，TOEICでは**過去完了（had＋過去分詞）とも使われる**ことが結構あります。それについては，後のStageで述べます。

鉄則20 副詞のalready, still, yetは完了形と共によく使われると覚えておく。但し，stillは現在進行形ともよく使われる。これらがセンテンスに入るだけで，意味はガラリと変わってしまう。

STAGE 10

みんなが混乱している TOEIC時制のツボ(2)

完了形というワナ

　Stage 9では，現在完了の「完了」を扱いました。ここからはさらに進んで，いろいろな時制にアタックしていきます。

　TOEICにおける時制は，さまざまな時制が絡み合っても区別して理解できるかどうかが試されます。よって，いたずらに順を追って時制を学んでいっても，それが実戦で生かせるかどうかは疑問です。基礎練習ばかりやっていても応用が効かなければ意味がないからです。

　また，時制というのは，自分で考えて，あーだこーだ言いながら，納得していくことで力がつく分野です。ですので，以下からは，過去形や現在形など，全てを混ぜながら，がしかし，実際に次第にまとまって折り合いがつくように練習していきます。

　しっかり自分で考えて取り組んでくださいね。

STAGE 10 みんなが混乱しているTOEIC時制のツボ(2)

Exercise 5

Directions: 以下の各センテンスの下線が引かれてある部分が，そのままでよければ○を，間違っていれば×をして，正しく直してください。

　正しく直す場合，2通り以上に直せる可能性があります。また，そのセンテンスがたとえ○でも，他にも可能性があればそれも書き出してください。
＊下線部以外は，全て正しいです。
【条件①】受動態や能動態に直す問題ではありません。
【条件②】変更する場合，以下の単語は使ってはいけません。
be going (about, supposed) to, should, can, could, must, may, might, have to, had to
【条件③】下線が引いてある動詞を他の動詞に変えることもできません。当たり前ですね。

まず，1個目です。下線の部分は，どうでしょうか。

1. I work for this company for the last seven years.

どうですか，○ですか？×ですか？ ×ならどう直しますか？ was working？ had worked？ worked？ has worked？ will work？ would work？ ……全部言ってること違うぞ〜。

さあどうする，どうする。「なんとなく」，とか，「意味で」とか，そんなことばっかり言って感覚で解いてちゃダメ。ちゃんと理屈

で言えなきゃ。

　ここで考えるべきは，**下線部の動詞の形を決める基準となるTime Indicator**，つまり**「時を示す語句や節」**です。これを見て判断できないといけない。**時を示す語句は動詞と密接に絡んでいるので，動詞の形，つまり時制に大きく影響します。**一番大事な「それっていつのこと?」という問いに答えているからです。

　この場合はfor the last seven yearsの部分ですね。気をつけてくださいね。単にfor seven years(7年間)と言っているんじゃないですよ。for the last seven yearsと言っているんですよ。

　じゃ，the last って何? これは**現在とつながっている**，ということを示すものでしょう。「今日までの過去7年間」ということです。the pastでも同じです。ということは，**過去と現在がつながっているという，日本人には最もよくわからない時制，つまり「現在完了」にしてあげないといけない**わけです。この場合は，**現在完了の「継続」**ですね。

　正解は，have workedです。「私はこれまで7年間，この会社に勤めてきました」と。でも，これだけじゃないですね。もう1つある。I have been workingにしたっていいですね。

　これをなんと言うのでしたっけ? 正確に! そう，**「現在完了進行形」**と言うんですよね。これを「完了進行現在形」と言った人がいます。頭抱えました。**進行形にするということは，よりビビッドに，ずっと継続してきて，今も進行中であることを示す**わけです。

　このように現在完了形というのは，**過去と現在をつなげるものの，視点はあくまでも「現在」に置かれている**というところが最も

大事なところです。この場合なら，働いて7年たって今がある，今も働いている，というような感じです。

　さて，もしthe lastがなかったら，どうなるでしょう。それは，単に「7年間」ということなのだから，別に現在とつながっていなくてもいいわけで，単純にworkedにすれば，それは「過去に」7年間働いていた，ということになるし，will workなら，「未来において」7年間働きますってことになります。

　そして，今の下線のworkは，現在形ですね。単純な現在形は，現在の日常的に繰り返される動作とか一般論を表明するときに使われるのだから，期間を示す語句とは，そもそも基本的には合わないわけなんです。

鉄則21
- 時制のセンテンスは，Time Indicatorが鍵を握る。
- 現在完了(has/have＋過去分詞)は，過去と現在をつなげて，現在のことを述べている。
- 単純な現在形は，現在の日常的に繰り返される動作や一般論を言うときに使われる。

では，次の問題です。

> 2. Since I have been a college student, I have always wanted to be a lawyer.

さて，○でしょうか，×でしょうか。まず，○の人の意見からいきましょう。

——なるほど，sinceがあるから完了形でいいと。

——なに？ 主節のほうがhave wantedで完了形だから，sinceのほうも同じような感じでいいと。なるほど……。

じゃあ，×とした人はどう直すのでしょう？

——wasにする？

——had beenにする？

×と言う人で，had beenにすると言う人，けっこういらっしゃいますねえ。ここでのTime Indicatorは何でしょう？

主節ですね。have wantedということは，いつも弁護士さんになりたかった。ここでも注意しないといけないのは，日本語の「なりたかった」というのは，文字通りとって英語にすると過去形になってしまうということですよね。日本語には，現在完了なんてないんだから。I wanted to be a lawyerになっちゃう。これでは，I have wanted to be a lawyerと話が完全に違ってしまっています。ここでは余分な副詞(always)を取って見てみましょう。

過去形と現在完了形の違い

これら2つのセンテンスにはこんな違いがあります。まず単純な過去形から。

I wanted to be a lawyer.

STAGE 10 みんなが混乱しているTOEIC時制のツボ(2)

　私は弁護士になりたかった。過去にはそんな時期もあった。でも，今は違う。遠い昔の思い出として，私は，昔，弁護士になりたかった。今なりたいかって？　別に。これが過去形です。
　一方，現在完了形（have＋過去分詞）の場合。

　　I have wanted to be a lawyer.

　私は，今までずっと弁護士になりたいと思ってここまできた。今もなりたい。その気持ちに変わりはない。
　わかりますか？　今から見て，**過去形は，完全に「過去のこと」という意識で言っているのに対して，現在完了形は「現在のこと」を言っている**わけです。
　今度はsinceで始まる従属節を見てみましょう。これは何を意味するのでしょう。
　「～以来」ですよね。これは**過去の1点**を示します。**起点**です。過去のある時点において「～だった」と言いたい。**過去の1点は過去形に決まってる**でしょう！　だからwasに直す，が正解です。

　　Since I was a college student, I have always wanted to be a lawyer.（○）

　私は学生だったという過去の1点（起点）から，今までずっと弁護士になりたくてここまで生きてきた，と言っているわけです。

　　　　Since ＋ S ＋ 過去形の動詞～, S ＋現在完了形～

という形を覚えておきたいですね。いわゆる現在完了の「継続」というやつです。
　さて，ここで2割くらいの人が，have beenをhad beenに直し

115

てますね。「大過去」なんて言ってね。

過去完了形(had＋過去分詞)というのは、過去のある1点を基準にして、その時点で完了していることやその時点まで継続していたことを示します。

今回のセンテンスの場合は、主節にI have always wanted toとあるのだから、**現在のことを述べている**のですね。何度も言いますが、ここが大事なところです。今までずっと弁護士になりたくて今がある、今もそうだ、ということです。

これをhad beenとしてしまったら、過去のある時点から見て、「その時までは弁護士になりたかった」という意味になってしまいます。それは今回のセンテンスでは全然示されていませんね。だからhad beenなんて、ありえないのです。

さて、今回のsinceについてもう少し触れておきます。この**sinceという語は、接続詞にも前置詞にもなります。**

まず、接続詞のsinceには、①**「〜以来」**という意味と、もう1つ、TOEICでは大事な②**「〜なので(理由)」**の意味もあります。接続詞として、後ろに節(S＋V)という形を持ってくる場合、**どちらの意味になるかは文脈で判断**しなくてはいけません。

今回の文の場合、「私は学生だったので、弁護士になりたかった」というのは明らかにおかしいので、このsinceは、①「〜以来」のほうだな、と判断するわけです。

さらにおまけでもう1つ。sinceは前置詞にもなります。この場合は、「理由」の意味になることはなくて、**「〜以来」**だけ。**前置詞ということは、後ろには名詞(句)が来るということ。**

STAGE 10 みんなが混乱しているTOEIC時制のツボ(2)

My TOEIC score has been improving since <u>last May.</u>
　　　　　　　　　　　　　　　　　　　　　名詞句

(この間の5月以来，TOEICのスコアーが上がっている)

鉄則22
- 「〜以来」を示す接続詞のsinceの次に節が来る場合は，その中は過去の1点を示すため，過去形でいい。その場合，主節は，現在完了で「継続」を表すことが多い。
- 大過去症候群になることなかれ。
- sinceには，接続詞としては意味が2つある。「〜以来」と「〜なので」。文脈で見分けること。また，sinceは前置詞もあり，意味は「〜以来」だけ。

どうですか，たった1つのセンテンスでも，忘れていたこと，結構あるでしょ。

では次。下線部が○か×か。全体をさっと読んでから判断して！

3. I <u>completed</u> the survey last month.

　まさか，これ間違えてないですよね。last monthという過去の1点を表す語句が来ているのだから，単純にcompleted (完成した) という過去形でいいわけです。意味は，「私は先月，調査を終えた」。

どんどんいきます。

117

> 4. The regular work shift for part-timers has changed recently.

　これを単にchangedに直す，と言う人が非常に多いです。Time Indicatorは，recently（最近）ですね。

　ここで大事なのが，recentlyという曖昧な時を表す副詞をどうとらえるかです。「最近」と言ったって過去には違いない，とかね，いろいろ考えられますね。正解はこのままで○です。

　特にrecentlyとかlately（これも「最近」）は，現在完了と共に多く使われる副詞です。TOEICは大好きです。でも，hasを取ってしまって，changedだけにしても構いません。過去形とも使えます。

　じゃ，もしTOEICに出るとしたら，どう出るのかって話をすると，選択肢の中にこの2つの時制は絶対に混じって入っていません。どっちかしかない。当たり前ですね。変なリスクを負わないのが最近のTOEICです。

　ちなみに2000年前後の問題と比べて，最近のTOEIC，特に2008年度以降では，これはちょっと問題不適切では？という問題が"ほとんど"なくなっています。

> 5. Nelson & Company announced its plan to close one of its factories in China before the market opened at 9 a.m. this morning.

　さて，このannouncedという動詞は，このまま過去形でいい

のか，という問題です。Time Indicatorはどこにありますか？ それはbeforeの後の節（S＋V）全てですね。特にその中の動詞，openedが過去形になっているところが肝心。そして，before。マーケットが午前9時に開いた，「その前に」というのだから，過去の前の過去が，主節の動詞であるannouncedになるわけです。だから，had announcedが正解なので，announcedは×です――とは言わないところがミソなのです（笑）。実はこのままでもOKなんです。

　理由は，だって今の英語はそうだから。実際のところ，多くの現場で主節と従属節の動詞は，両方とも過去になっていることがたくさんあります。TOEICでもおんなじ。理由として，beforeがあるんだから，前後ははっきりしている。だから，わざわざ過去完了形を使う必要はない，というものです。

　もちろんここ，had announcedという過去完了形にしてもいいです。ただ，過去完了形を使うと，過去の1点までに何かの動作を完了していたこと，あるいは，その前の時点で別のことをしていたということを敢えて強調する感じになります。

　この場合なら，マーケットが開く前に，このネルソンなんちゃらという会社が既に発表し終わっていた，みたいな完了を強く出した言い方になります。

では，この問題はどうでしょう。

> 6. Ms. Ono has called her client already by the time her supervisor asked about the incident.

　このセンテンスの場合，by the time以下の従属節の動詞は，askedと過去形になっています。**ここが過去形なのに，主節が現在完了ではおかしい**ですね。現在の話と過去の話が混在してしまっているわけです。

　そして，従属節には，**by the time** というTOEICお得意の語句が付いています。"by the time＋S＋V"で，**「SがVするときまでには」**を意味します。ということは，この場合は，彼女のsupervisor(上司)が，asked(尋ねた)したときよりも前の時点で，小野さんはお客さん(client)に**電話していた**ということになります。

　そこで先ほどの5番を思い出してください。5番は，この6番と構造的にも時制的にも同じですね。beforeの後は過去形(opened)でした。ここもaskedで過去形です。ということは，has calledでなくて，calledだ，と思う人もいると思います。

　ただ，**beforeとby the timeの違いがある。そしてそれは，TOEICでは大きな意味を持っているのです。TOEICでは，ここは過去完了が鉄則**です。なぜって，**by the timeは，「〜までには」を意味し，過去のある時点の前までで，ある行為や出来事が完了していることを強く出す表現**だからです。

　さらに，TOEICの場合，親切にも最後に**alreadyという副詞をつけてくれることが多い**のです。これは完了形と共に一番よく使われる副詞でしたね。よって，ここは，**had calledが正解**になり

STAGE 10 みんなが混乱しているTOEIC時制のツボ(2)

ます。Stage 9では，現在完了と共に使われていたalreadyですが，過去完了とも使われることも十分に覚えておきましょう。

さらにもう少し深く。では，実際にTOEICに出るとしたら，正解の had called 以外の選択肢の中に，calledが入っているか，というと，絶対に入っていません。が，この問題の下線のように，has calledのような現在完了形とか，callsのような現在形は入っている可能性が大です。特に現在完了は，「完了」ということだけを覚えている人が多いので，見事に引っかかってしまう人がいるからです。現在完了と過去完了では，話の時点が全然違うことを意識しましょう。

おっと，もう1つオマケ。いやあ，どこまで親切な講義なんだろう……って自分で言うなと(笑)。

このby the time ～ の節ですが，別に文頭に持ってきて，主節とひっくり返してもいいですからね。そういう形で本番に出たって全然おかしくないので。

By the time her supervisor asked about the incident, Ms. Ono had called her client already.(○)

覚えといて。

鉄則23

- last week, last month, last year, last quarter（前四半期）, last summer などは，すべて過去の1点と考え，基本的に動詞の過去形とくっつく。
- 時を表す副詞のrecently, latelyは，現在完了とも過去形の動詞ともくっつく。
- 過去のその前の過去を表す時の動詞の形は，過去形でも別にOK。過去完了形（had＋過去分詞）を使う場合は，過去の1時点で何かが完了していたことを強調することになる。
- "by the time＋S＋過去形"の従属節が付いているセンテンスの場合は，主節は過去完了（had＋過去分詞）が正解になるのがTOEIC流。

では，次です。○か×か。

---

7. I will talk to Ms. Ito when she <u>attend</u> the conference tomorrow morning.

基本中の基本をここに持ってきました。ここで初めて主節の中に未来を示すwillが入っています。「伊藤さんに（未来において）話します」と。

when以下は，俗に言う**「時を示す副詞節」**。副詞節というの

STAGE 10 みんなが混乱しているTOEIC時制のツボ(2)

は，元々は副詞ということ。**副詞が一番密接に結びついているのはなんでしたっけ？**——やりましたよね，Stage 5で。そうです，動詞です。この場合なら，**動詞のtalkに時の限定をしている**わけです。「だれだれが〜したときに」→「話します」と言っているわけです。

そして**時の副詞節が未来を表すとき，それは現在形になる，という法則**がありました。大昔，習いませんでした？ よって，時制という意味では，これは○ということになります。

が，問題は，attendという形のままでいいのか，ということですね。そうです，**sをつけてattendsにしないといけない**んですよね。3人称単数現在ってやつですね。「サンタンゲン」なんて言ってましたっけね。

attendは「出席する」という意味の他動詞です。ここでattendにsをつける，と思えた人は，結構パチパチものなんです，実は。**なぜかって，TOEICでは純粋な時制の問題の中に，よく主語と動詞の一致を見る問題を入れてくる**のです。

できる人から見ると，ほんと笑っちゃうんですが，でも，選択肢にはあるのです。例えばこういう文なら，

(A) attend　(B) attends　(C) is attending　(D) attended

とか。ここで意外にも，**主語が単数なのに，(A)のsなしのほうを選んでしまう人が結構いる**のです。**TOEICはそれを狙ってきます**。実際のTOEICでは，公式問題集のようにダイレクトにSVの一致を狙ってくるものも少しはありますが，ポッとこのように入れておく問題を出すこともあります。

123

またセンテンスによっては，SVの一致と見せておいて，(D)の過去形を正解にして出してくる場合もあります。受験の際にはアンテナを張り巡らしていなければいけません。

ところで，ここでもう一度，確認の質問をします。みなさん「節」って何ですか？ 自分の言葉で，1分あげますから，隣の人に説明してください。右の人が左の人に説明してください。左に座っている人はラッキーね。

正解は，"S+V"。じゃないですよ。そんなのダメ。正確には，「"S+V"で意味が通っていて，より大きなセンテンスの中の一部になっているもの。だから他にも"S+V"がある」――これが「節」です。

600点取るのに，一番大事なのは，ここでやった時を表す副詞節です。

では，次。自分なりの結論をちゃんと出してくださいね。

---

8. After all new employees have gone through the first training session, each will be assigned to new positions.

さて，主節には，will be ～が見えます。ということは，7番と同様，未来の話をしているわけです。従属節のほうはというと，Afterという接続詞があって，後ろが "S(employees)＋V(have gone)" で節になっています。これも7番と同じ。

時を表す副詞節。ということは，7番で習ったとおり，単純に現在形にして，goにする。というのが，ちゃんと話を聞いて理解して進んでいる人の考えることです。それで正解です。

STAGE 10 みんなが混乱しているTOEIC時制のツボ(2)

が，実は，**このままでも正解**なんです。それは，**現在完了は，時を表す副詞節の中に入って，現在形と同様に未来のことを表すこともできる**からです。

但し，ちょっとだけ**完了が強い感じ**になります。この場合なら，afterですから「〜してしまったあとに」というニュアンスになります。この場合，「全ての新しい従業員が，初めのトレーニングセッションが終わったら(have gone through)」という意味です。

TOEICでは，選択肢に**このような未来を示す場合の副詞節が出る場合，単純に現在形というよりも，むしろ現在完了にして，こういうことも知っているのかどうかを試してくる**ことがあります。**たっくさんの人が引っかかるし**……。

さらに深いお話をすると，じゃあ前の7番のattendsのところもhas attendedと直してもいいのかというと，それは無理です。それはattendが，出席した瞬間なのか，出席し終わって出てきたところなのか，曖昧な動詞だからです。

一番わかりやすいのは，finishです。そして接続詞がafter, whenとかの場合。

　　After he has finished the job, he will go on a trip.
　　（仕事を終えたら，彼は旅に出る予定だ）

というような文です。あくまでも文脈と動詞によるということだけ頭に入れておいてください。

> **鉄則24** 未来を表す，時の副詞節の中の動詞は，普通は現在形でいいが，ときに現在完了形になる。

9. The toy's popularity is spreading all over the country these days, so the toy company is increasing its production.

さて，この下線部，○でしょうか，×でしょうか。×の人が圧倒的ですね。どう直すんでしょう？

spreadsという単純現在形にすると言う人が結構いらっしゃいますね。過去形のspreadedにする？ そんな単語ないです。spreadは現在形も過去形も過去分詞も全部spreadだから。元の意味は，「広がる」ですね。

他にhas spreadとかhas been spreadingに直すべきという人が結構いますね。

Time Indicatorはなんでしょう？ そう，these daysですよね。「最近」。これがまた曖昧な語句なんだな。「最近，あるおもちゃの人気(toy's popularity)がすごく広がっている」と。

これをspreadsという現在形に直すと言う人がかなりいらっしゃいますね。でも，それはダメでなんです。現在形をなめちゃいけないんです。

時制というのは，実は単純現在ほど難しいんです。現在形をここでおさらいしましょう。基本だけね。

現在形が使われるとき

① 今,目の前でやっていなくても,日常的に繰り返し行われる**習慣的な動作**や**定期的に起こること**。

The company usually offers low prices for their office supplies.

(その会社の事務用品は普段は安い)

この①の類の場合は,たいていは,usually(ふだんは)のような副詞が入ります。他には,例えば,

always, often, sometimes, occasionally(時折),

every day(week, month), once a week(週に1回)

などがあります。気をつけて欲しいのは,副詞がなくても現在形で語られる文はいくらでも作れるということです。

② **一般論(事実)**として(話者がそう思って)言う(書く)とき。

過去〜現在〜未来にも成立する事実として言うとき。

People buy more when things are cheaper.

(物の値段が安くなれば人はより多くを買う)

③ 2つのものの関係性を表す動詞は,原則,**常に現在形**。

特にTOEICが好む動詞として(**全部覚えて**),

belong, consist(〜から成る), **possess**(所有する)

own(所有する), **depend**(頼る), **fit**(合う)

exclude(除く), **include**(含む), **contain**(含む)

need, require(要求する,必要とする)など。

④ **感情，感覚，思考を表す動詞**の一部は，基本的に現在形。
believe, like, love, smell, taste, see
など。ほとんどTOEIC的には無関係。

さて，今回の9番に関連しているのは，②です。②の例文を見てください。

これは，特定の状況について語っているセンテンスではなく，あくまで**一般論として「人は安ければより多くを買うものだ」と言っている**わけです。残念ながら，多くの英語の参考書は，この②を示してくれていません。

代わりに「不変の真理」とか言って，「太陽は東から昇る」とか，「ことわざ」載せたりとか，受験英語には役立っても，TOEIC的にはどうでもいい例ばかり挙げられています。

一方，TOEIC対策書はどうかというと，実戦問題載せて「こんなの出るよ」型の，簡単に問題を作って売らんかな，ばっかりです。これでは，基礎力において穴がボコボコ空いてしまっている人が力をつけるのはとても難しいと言わざるを得ません。

では，今回のセンテンスをもう一度見てみましょう。

> The toy's popularity is spreading all over the country these days, so the toy company is increasing its production.

主語は，The toy's popularityです。「あるおもちゃの人気」です。もうこの時点で一般論じゃない。「あるおもちゃの人気」は，「常に

広がっていくものだ」とは言えないでしょう。そうじゃなくて，今，最近，あるおもちゃの人気が，広がっているわけですね。だから現在進行形になっているわけです。よって正解は○。

　these daysと合うか？　合います。these daysみたいな副詞句は，幅広くいろんな時制と合っちゃいます。現在進行形の基本的な特徴は，「一時的なことを表す」です。今，ますます人気になっていると。個別のものの話なんだから，一般論としては語れない，ここは。だからspreadsにはできないのです。これがもし，

　　Toy's popularity spreads when it matches the age.
　　（おもちゃの人気というものは，時代とマッチしたときに広がる）

という一般論なら，spreadsというように，現在形にもできるわけです。この場合，Theがなくなりますね。

　さらに，9番の文では，has spreadもhas been spreadingという現在完了進行形もOKです。人気が出始めたのが過去のいつかで，今までずっとそれが続いているということになります。この2つもthese daysと合います。

　そして，so以下も「だから今，生産を増やしている最中です」ということで，現在進行形になっているわけです。こういう感覚をマスターしてください。

　それとおまけでもう1つ。未来のことでも，

　　She leaves Monday.

のように，確定している未来については，単純現在形で言えるということがあります。特に往来発着の動詞でこの表現が使われます。ですが，これは高度なためか，TOEICには問題として出たことがあ

りません。私個人の経験の範囲内では。もし今後出たら、それも私のこういう発言が(実は)研究された、ということかもしれません(笑)。

さて、ここまで合計で9つのセンテンスをやりました。どうですか、全てできましたか？ 多くの人がかなり間違えていたか、誤解していたと思います。たった9つでも、理解しておくべきことはこんなにあるんです。

> **鉄則25** ある特定の状況が今、一時的に起きているときに現在進行形が使われる。のに対し、一般論としてある事象が過去〜未来にかけて起こると思われるときは、現在形が使われる。

では、ここで復習チェックのための実践問題を2問やってみましょう。1問につき、できれば30秒、最低でも45秒以内で解いてください。**大事なのは、実践問題を最終的に簡単だなと感じることです。**

STAGE 10 みんなが混乱しているTOEIC時制のツボ(2)

実践問題にチャレンジ⑰&⑱

17. Makers of eco-friendly office supplies ------- at the moment, for major global companies have become more conscious of the environment.

(A) prospered
(B) to prosper
(C) are prospering
(D) prospers

18. After Sampson Motors ------- its new factory, production will increase to well over 1,000 units per month.

(A) construct
(B) is constructing
(C) has constructed
(D) will be constructing

17. この問題は，難しく考える人と簡単に考えてさっとできてしまう人に分かれます。こういう問題を「消去法」でやる，という人がよくいますが，理想論では，それはあまり良くないです。理想的には，他の選択肢には目もくれず一発で見抜いて，はい次！というのがベストです。

　実際に，TOEICで800点以上の人になってくると，「消去法で解く」は当然ながら少なくなります。つまり消去法というのは，自信がないからするわけですよね。

でもまあ、今はまだ仕方ない。ただ、**力をつけるためには，消去法をやりながらも，「どうしてダメなのか」を1つ1つ考えるようにする**といいです。自分の口で説明できるようになってくると，だんだんわかってきた証拠です。

　まず，Time Indicatorを見つけます。ここで**視点が狂ったらダメ**です。それは，すぐ目の前にある"at the moment"です。

　ここを見ないでas以下の従属節をいろいろ見ると，ウダウダ時間がかかってくる。まず，**at the moment**を見て、「今，現在，たった今，まさに今」と、確認する。**この時点で，8割現在進行形が正解と意識できないといけません。**

　次に，for以下を見てさらに時制の判断を固めます。for 〜は，理由を述べているのですが，**大事なのは文の意味ではなくて，動詞の時制**です。have becomeというのは，現在完了ですね。これは繰り返しになりますが，過去からずっと現在につながっていて，**「今，そういう状態になっている」という「今」！の話**です。中身を読んでみましょう。より一層意識するようになってきたと(have become more conscious of)。つまり，今，意識しているんですね。何をって「環境というものを(the environment)」。誰が？メジャーなグローバル企業群が(major global companies)です。よって**正解は(C)**になるわけです。

　prosperというのは、「ガンガン儲かる」という意味です。繁栄，繁盛する。何が栄えているかと言うと，環境に優しいオフィス製品のメーカーが(Makers of eco-friendly office supplies)です。そのことを，まさにビビッドに表現しているのが現在進行形です。

　念のため，誤答の選択肢も見ておきましょう。まず，(A)のよ

STAGE 10 みんなが混乱しているTOEIC時制のツボ(2)

うに「〜だった」みたいな過去形にしたら今の話でなくなってしまい，for以下の現在の話のhave become〜と合わないので×。(B)は不定詞なので論外。さて，(D)。at the momentという時の副詞句と(D)の単なる現在形のprospersでは合いません。ただ，ちょっとだけ深く言うと，もし(D)のprospersにsが付いていなかったら……。これも可能だって言う輩が絶対いる。ネイティブちゃんなんかに聞いたら5人に1人くらいいるよ，絶対"That's possible."とか言うヤツ。

　で，**そういうのを避けるために，最近のTOEICは，もう絶対ダメなようにsを付けとくわけです。**そうすれば，主語のMakersと単複で合わないから。**イチャモン付けられる可能性を排除しているのが，近年のTOEICの鮮明な傾向です。**

　文意は，「メジャーなグローバル企業が環境を意識するようになったので，環境に配慮したオフィス製品のメーカーは，現在非常に成長している」。

---

18. After Sampson Motors ------- its new factory, production will increase to well over 1,000 units per month.

(A) construct
(B) is constructing
(C) has constructed
(D) will be constructing

　この問題を意味で判断しようとしていませんか？　意味を細かく見る必要はありません。何度も言いますが，そういうやり方で

はなくて，ある程度，理系的に解けるのです。この問題もこのステージでやったことを端的に試してくれています。

　まず，この文は，"After＋S＋V"という従属節の中のV，つまり動詞の部分が試されているのはわかりますね。主節は，"S＋will＋V(increase)"という形になっているので，（あ，未来の話だ）と，わかりますね。ということは，従属節の中も未来を表すことになります。これまでやった通りです。

　で，**時を表す副詞節の中で未来を表す場合は，現在形で表す**のがお決まりでしたね。現在進行形ではなくて，現在形。だからまず進行形の(B) is constructingは消えます。

　それから，willが入ってしまっている未来形の(D) will be constructingも消えます。未来のことは主節で表すだけで十分。そこで，現在形を見ると(A) construct(建設する)があります。

　が，気づかないといけないのは，Sampson Motorsというのは，会社名であるということ。固有名詞です。**sがついていても，会社なので単数扱い**です。ということは，もし，(A)のconstructを入れるなら，3単現のsをつけてあげないとダメでした。なので，これもダメです。

　ここが**現在のTOEIC特有の「SVの一致」を試している部分**です。そして，時を表す副詞節において，現在形の代わりに使えるのが，これもやった通り，**現在完了形**でしたね。よって正解は**(C) has constructed**ということになります。この問題で「迷った」という人は，まだまだ修行が足りません。

　文意は「サンプソンモータースは，新しい工場を建設後，生産高を月間で優に1,000ユニット以上に増やす予定です」。

STAGE 11

みんなが混乱している
TOEIC時制のツボ(3)

過去と未来を深める

　さらに時制の話を進めます。前のステージ同様に，これまで長年に渡るTOEICの研究と今後の出題を予想した上での基礎練習を積みます。

　次のセンテンスはどうでしょう。○か×か。×ならどう直しますか？ Exercise 5の続きです。やり方は9番までと同じです。

> 10. Kiyoshi met an old colleague during his visit to the Hong Kong branch.

　さて，この下線部，どうでしょう？ metということは，過去形です。Time Indicatorはどこにありますか。during his visit……でしょうか。違いますね。**これは時を特定する語句にはなり得ない。**

　じゃ，なんだろう。そうです，ないんですよ。Time Indicatorはついてないわけ。でも，これって立派なセンテンスでしょう。SVもあるし，意味だってしっかりしている。だから**このセンテンス，○なんです。**

　これは何を意味するか。**時制のindicatorが何もないなら，動詞**

135

の時制は，極論すればなんでもいい，ということです。だって，いつの話にしたって構わないでしょ。この場合は過去の話にしてるけど，別にwill meetにして，今度香港の支店に行くときに古い同僚に会う予定です，って言ったっていいわけだし。過去でも未来でもいいわけでしょ。現在完了はちょっと合わないと思いますが……。

　こういうところも覚えておきたいですね。Time Indicatorをわざと出さないという問題もTOEICは好きです。それでどれがいい？ ってやる。他の選択肢は，meet, meeting, will have metとかね。

　もちろん実際にはmeetという単語では出ないでしょうが，まあそんな感じで出るわけです。indicatorがなくてもさっと選べるようになりましょう。

> **鉄則26** Time Indicatorがなくても適切な動詞を選べるように意識しておこう。

では，次です。

---

11. John and Kate were discussing the matter when the manager returned from his business trip.

　さて，この回答もさまざまですね。○と言う人が半分。×の人が半分くらいですね。割れますねえ，相変わらず。

STAGE 11 みんなが混乱しているTOEIC時制のツボ(3)

　×の人の意見としては，had been discussingとか，had discussedに直すという人が多いですね。discussedに直すという人も少しいますね。

　さて，were discussingは，**過去進行形**（was/were＋〜ing）という形ですね。過去進行形は，現在進行形の過去版。ま，当たり前と言っちゃそれまで。過去形と過去進行形を比べて見るとわかりやすいです。

過去進行形

① 過去進行形（was/were＋〜ing）は，過去のある1点において，何かが進行していたことを表します。その動作は，厳密に言えば，その過去の1点よりも前から始まっていたということを意味し，かつ，**完了していない，途中だったというニュアンスが残ります。**

　日本語で言えば「（……）のとき，〜しているところだった」となります。に対し，過去形は，その動作が完了したことを示します。

　　I was calling Mike when Lisa came into my office.
　　　（リサが私のオフィスに入って来たとき，私はマイクに
　　　　電話しているところだった）　……過去進行形
　　I called Mike this morning.
　　　（私は今朝マイクに電話した）　……過去形

② 過去進行形は，過去のある時点において，「一時的に〜しているところだった」を表し，なんらかの動作によって，それ

137

が中断されたというニュアンスを持つこともあります。上の最初の例文通りです。

よって，11番の文はこれで○ということになります。「マネージャーが戻って来たとき，ちょうどジョンとケイトは話し合いをしていたところだった」というわけです。

次に，これを過去完了のhad discussedとか，その進行形のhad been discussingにすると言う人がいますね。またまた大過去症候群の登場です。マネージャーが戻ってくる前のことなんだから，過去完了（had＋discussedとか）もいいではないかと。

ん〜，だめなんだな。自然じゃない。特に従属節の接続詞がwhenでは。beforeだったらまだはっきりできますが。こういう形が常に過去完了形を取らないと断言できるわけではありませんが，この場合のペアーがイマイチです。

discussという動詞が継続性をもっている動詞なので過去進行形で十分です。これがfinishなどの一瞬の動詞で，さらに完了を示す要素のある動詞であれば，「〜し終わっていた」という過去の1時点（この場合なら，マネージャーが戻ってきたとき）のさらに前の時点での完了を強調することも可能です。

John and Kate had already finished their meeting when the manager returned from his business trip.（○）
（ジョンとケイトはマネージャーが出張から戻ってきたとき，すでにミーティングを終えていた）

最後に単純にdiscussedにした場合はどうなるか。

STAGE 11 みんなが混乱しているTOEIC時制のツボ(3)

John and Kate <u>discussed</u> the matter when the manager returned from his business trip.

　これは可能ですが，不自然です。マネージャーが帰って来たとたんにその問題について2人が話し始めたことになります。まるでそれまではサボっていたようです。

　単純過去形にすると言った人は，まさかそのような意味になることを承知でdiscussedにする，と考えたわけじゃないでしょう。

　以上見てきましたが，**あくまで自然で常識的な時制を選ぶということがTOEICでは求められている**のです。実際のTOEICでは，**正解になってしまう可能性のある選択肢はすべて排除されていて，たった1つだけしか正解にできない**ようになっています。時制の問題が出たら，簡単に感じるのはそのためです。専門家じゃないんだから。

　では，次です。

---

12. Tachin Steel announced in its press release yesterday that it <u>will be employing</u> 20,000 more workers to expand its overseas operations.

　いよいよ**未来**に入ってきます。さて，このセンテンス，正しいでしょうか，ダメでしょうか。

　ここを×にする人で一番多いのは，「メインの動詞がannounced yesterdayと過去の時点で言っているのだから，「時制

139

の一致」でwould be employingかwould employにする」という意見ですね。

　次に多いのが，「will be employingは変なのでwill employにする」という意見です。どちらも正しいような，正しくないような………。

　まず，「時制の一致だからwillをwouldにすべき」という意見を見ていきましょう。

　この「〜スチール」という会社は，昨日という過去に発表して，その過去から見た未来なのだから，willをwouldに変えるのが，時制の一致というものだ，というふうな意見は，昔の受験英語では正しいのですが，現在のTOEICで採用されている，まあ言ってみれば現代英語では余り関係ありません。

　TOEICはそういう日本人のこだわりにこだわっていません。受験する側は，TOEICがこだわっているところはどこなのかを常に意識していないといけません。

　たとえ昨日発表したことでも，実際にはこれからの内容を言っているので，発表した内容を説明しているthat節の中は未来形でも全然構いません。昨日発表したと言っているのですから，このセンテンスの話者，または筆者は，今日これを言っているわけで，今日から見ればますます未来のことだ，と言えます。

　これが例えば，ten years agoだったら，わかりません（笑）。さすがにwouldになるでしょうね。ここが曖昧なところです。

　yesterdayとかlast monthだったら，それでもこのthat節の中はwillでもいいでしょう。これからのことなのか，本当に過去のことなのか，判断しないと。

STAGE 11 みんなが混乱しているTOEIC時制のツボ(3)

　もちろん今回のセンテンスをwouldにして，would employでもwould be employingでも構いません。どちらでも。
　ただ，実際のTOEICでは，選択肢にwould employとwill employの両方が入っているということはあり得ません。どちらも正解だからです。
　次に「will be employingは変なので，will employにする」という意見を考えてみましょう。これは未来形はいいけど，未来進行形は，ダメ，と言っているということですが，未来のことを未来進行形で言うのは，全然問題ありません。
　むしろ未来進行形で未来のことを表すのがTOEICとしては好きなくらいです。未来進行形の意味は次の2つがメインです。

　① 未来のある時点において「～しているでしょう」
　② 「これから～するつもりです」

　今回の場合は，②のほうです。この未来形と未来進行形の2つが同時に選択肢に入った問題は当然出ません。よって，正解は，このままでOKということになります。
　意味は「タチン・スチールは，海外事業拡大のため，今後2万人を増員すると昨日公式に発表した」。

> **鉄則27**
> - 昔ながらの主節の動詞の過去時制に影響を受けてthat節の中をwouldにするというのは，TOEICには無関係。
> - 未来を表す際，"will＋動詞の原形"だけでなく，未来進行形(will be 〜ing)という形も使える。

では，次。

---

13. Mr. Salaski has finished his assignment by 11 a.m. tomorrow.

Time Indicatorは，by以下ですね。byは「〜までに」を意味します。つまり**ある動作が，その時点の前までに完了する**ということを示しています。さらにここには，tomorrowがあります。

ということは，「明日の午前11時までには」という**未来のある時点を指して，それまでには〜，と言っています**。has finishedは現在完了になってしまっていますね。**これは今から見た視点です**。なので，**by以下と合わない**。

よって，ここは**未来完了**の出番です。まず，未来を示す助動詞のwillを持ってきて，その後ろに"have＋過去分詞"をつけます。これで完成。正解は，will have finishedにします。

ここですが，厳密に未来完了にしなくても，**単純に未来形にして，will finishにしても十分**です。むしろ現代英語ではこちらのほ

うが多いかもしれません。ただ，TOEICの不思議なところは，**過去にやたらにこの未来完了が出題された時期がある**ということです。特に2000〜2003年前後でしょうか。いつ復活してくるかわからない。変なところにこだわりがあるのがTOEICとも言えるでしょう。ちなみにここに未来形の代用としても未来進行形，つまり，will be finishingと言えるかというと，ちょっと難しいと思います。というのも，finishという動詞は，TOEICが好きな動詞なのでこの授業でも繰り返し扱いますが，いわゆる**「一瞬の動詞」なので，進行形にしてまで使うということはできない**からです。

　文意は，「サラスキーさんは，明日の午前11時までには，その仕事を終えてしまっているでしょう」。

　さらにもう1点。ここのbyと同じ意味で，もっと大げさな表現で似たのがあったのを覚えていますか？ 過去完了のところでやりましたよね。Stage 10の6番で。そうです，"by the time S＋V"という表現です。それをこういう未来完了形を主節に取るセンテンスでも使うことができます。但し，未来のことを示すby the timeの節の中の動詞は，現在形です。

　たとえば，

　　Mr. Salaski will have finished his assignment by the time his partner <u>returns</u> from his business trip.（○）
　　　　　　　　　　　　　　現在形

　　（彼のパートナーが出張から戻ってくるときまでには，サラスキー氏は，自分の仕事を終えているだろう）

　がしかし……，この未来完了形と共にby the timeが使われて出

題されるのは，超稀です。

では，次です。この文の下線部はどうでしょうか。

> 14. From the second Thursday of next month, we <u>will have held</u> a discount sale for about two weeks.

13番の問題をきちんと理解している人には間違えようのない問題ですね。

下線部は，未来完了になっています。やったばかり。これが，この文のTime Indicatorである文頭のFrom 〜 monthと合っているかどうかが肝心です。

Fromっていうのは，当然「〜から」ですね。で，next monthとあるので，未来からさらに先のことを話しているわけです。だから要は未来のことです。

それに対し，未来完了は，未来のある時点より以前に完了して，その未来のある時点にどうなってしまっているのかを表すセンテンスです。だからここの下線は，今回のFrom 〜 monthまでと合わないですね。未来のことなんだから，単純に未来形に直さないと。

正解は，will holdまたはwill be holdingです。意味は，「来月の第2木曜日から，2週間，ディスカウントセールを行います」。

では，これは？

STAGE 11　みんなが混乱しているTOEIC時制のツボ(3)

> 15. Next year, Dr. Lawrence will have been teaching here at Lozanna College for thirty-five years.

　next yearとあって未来のことだから，will teachかwill be teachingにする。な〜んて，……思ってはいけません。Time Indicatorは2つ。1つは，今言ったnext year。もう1つは，for thirty years(30年間)という期間を表す語句です。

　「来年」というのは，未来の1時点を示す語句です。今から見て，来年で〜，ということです。もし，もう1つのIndicatorであるfor thirty yearsがなければ，「来年〜する予定です」ということで，"will＋動詞の原形"とかwill be 〜ingでもいいでしょう。単純に未来形ということで。

　ですが，30年間となると話が違ってきますね。「来年で30年間，〜したことになる」という意味になります。未来におけるある時点において，それまでずっと〜してきた，という完了や継続を意味することになります。

　ということは，未来完了，または未来完了進行形になります。よって，このままで○。または，will have taughtになります。進行形のほうがより継続を強く意識した言い方になります。

　意味は「来年でローレンス博士は，30年間ロザンナカレッジで教えてきたことになります」。

鉄則28 未来完了は，未来のある時点において完了していたり，それまで継続していることを表す。特に未来進行形は，それまで継続していることを強調して表している。

では，これは？

---

16. Joseph Steel has become the president of the company just two months ago.

　訳してみましょうか。「ジョセフ・スティールは，ちょうど2か月前に社長になったばかりだ」。なんだかよさそうですよね，現在完了と合いそう。でも，×ですね。

　なぜって，Time Indicatorのagoは現在から見て「完全に過去のこと」を示し，「～前」という過去の1点を示すから。だから，becameという単純過去にしないといけません。

　しつこいほど，時制の小問題を解いて，理解するように心がけてください。

次はこれです。

---

17. Please remind Junko about the next meeting when she will call around 4 p.m. this coming Friday.

　だんだん簡単に感じてきましたか？ Time Indicatorは，

Please remindですね。未来のことです。willはなくても，このお願い調のPlease ～ という結構TOEICが好きな文は，未来のこととわかりますね。

　remindは「～を思い出させる」という意味の他動詞です。つまり淳子さんに言ってね，と。

　で，when以下は，時を表す副詞節なので，Stage 10の7番のところでやったように現在形にするんでしたね。だからcallに直す……じゃないですよね！ 3人称単数現在なので，callsにしないといけません。ちゃんとsをつけなきゃ。

　文意は，「今度の金曜日の午後4時頃に淳子が電話してきたら，次の会議のことを念を押しておいてください」。

はい，次。

18. I took the TOEIC test once in 2008.

　これまたいろんな意見が出ますねえ。onceがあるから，現在完了形のhas takenにするとか，経験なのでhad takenにするとか。これでいいとか……。ちょっと迷うように作ってあるんです。

　まず，onceというのは，基本的には，副詞として2つ意味がありますね。1つは「1度」。つまり回数を言う。2度ならtwice。3度目からはthree times，たくさんならmany times。

　もう1つの意味は，「かつて」。つまり過去の不明確な「いつか」。ということは，現在に視点をおいてこれまでの経験を言う現在完了と非常に良く合うわけです。

　が，しかし……，ここには，強烈なもう1つのTime Indicator

が控えています。in 2008。これは明らかに過去を示します。つまりonceだけじゃなくて，once in 2008ということは，「2008年に1度」TOEICを受けた，ということになります。よって**このままで○**ということになります。

もしin 2008がなければ，have takenでもいいし，tookでもいいです。I have taken 〜 と言うほうが現在までの経験を言う正式な言い方ですが，I took 〜 once… も過去の経験を意味する文として，あり，です。

文意は，「私は，2008年に1度，TOEICを受験しました」。

以上，いろいろやりましたが，どれもTOEICがいつ狙ってくるかわからないところです。十分に復習しておいてくださいね。

それでは，確認のための実践問題を4問だけやってみましょう。

ここは1問につき30〜40秒で解いてみてください。満点取れますよ！

STAGE 11　みんなが混乱しているTOEIC時制のツボ(3)

実践問題にチャレンジ ⑲〜㉒

19. The webpage designers ------- on our site when the server went down, so they are writing code off-line to upload later.

(A) work
(B) have been working
(C) were working
(D) has worked

20. The new President of Star Design Associates ------- the team leaders for the upcoming project.

(A) appoint
(B) have appointed
(C) appointing
(D) appointed

21. Quick Polls, Inc., ------- the area right now to determine the percentage of imported food in the average home.

(A) surveyed
(B) is surveying
(C) survey
(D) surveys

22. As of the end of this month, Mr. Lee ------- the President of this company for seven years.

(A) will have been
(B) had been
(C) is
(D) was

19. 主語はデザイナーですね。選択肢を見て，どの時制がいいのかおよその見当をつけます。Time Indicatorは，when以下の節ですね。went downとありますので，「過去の話」とわかります。

so以下は，その過去を受けて，「現在〜中」と言っています。だから現在進行形(are writing 〜)になっているわけです。so以下は，問題の空所とは関わりがありません。惑わせの節とでも言っておきましょう。

まず，(A)workは，単純な現在形ですが，これは広い意味における，現在の繰り返し行われる動作というのがメインでしたね。なので，この場合のようにwhen以下で過去の特定の時間に何かが起きた「過去のこと」とは合いません。

(B)have been workingは現在完了進行形です。これは何度も繰り返しますが，「現在とつながっている」言い方です。「現在まで〜してきている」ということです。これも過去の1時点を意味しているwhen以下とは合いません。

正解は，(C)were working。やりましたよね。過去の1時点で何かが起きたときにちょうど進行していたことを示すのが，過去進行形でした。単複もしっかり合っています。

(D)has workedは現在完了なので(B)と同じ理由でダメですね。意味は「サーバーが止まってしまった(went down)とき，ウェブデザイナーの人たちは私たちのサイトに取り組んでいてくれた。なので，(今は)あとでアップロードできるようにオフラインで作業をしてくれている」。

20. The new President of Star Design Associates ------- the team leaders for the upcoming project.

(A) appoint
(B) have appointed
(C) appointing
(D) appointed

　この問題は，正解であったとしても，深く考えておくべき問題です。**たとえ正解にできても，理屈がしっかり合っていないで正解にできてしまう問題がたくさんあるのがTOEIC**です。

　私の正当な理由を聞いて，自分は答えは合っていたけれど，間違った理由で合っていた，ということはありませんか？　そういう人は大勢います。そして，そういう「その場でだけ，感覚で合っている人」が，結局伸び悩んでしまいます。**だから正当な理由を常に言える自分を作ってください。**

　まず，この問題でTime Indicatorを探してみましょう。すると，for the upcoming project だと思えます。「来る，次なるプロジェクト」——簡単に言えば，「次のプロジェクト」のために，とある。だから未来を表す……なんて，思えてしまう。

　でも，これってTime Indicatorでしょうか。もしそうなら，これは未来形と結びつくはずですよね。でも，選択肢にwill appointは，ない。ちなみにbe going toはTOEICには出ません。**これは単に次の(next)と言っているので，実はTime Indicatorじゃない**んです。

　ということは，この文には，**Time Indicatorがそもそもないと**

151

いうことがわかるかと思います。近年TOEICが非常に良く出してくる出題パターンです。

で，ここでも「SVの一致」が絡んでくる。主語は，Presidentです。Associatesじゃない。そもそも会社名だし。Time Indicatorがなくて，主語が単数ということは，(A)appointはsが付いていないのでダメ。(B)have appointedは，hasじゃないからだめ。(C)appointingはいきなりing形で論外。

なので，正解は(D)appointedしかありませんね。本当は消去法より，こういう問題は，一瞬パッと見て，「はい，答えは(D)」と決められないといけない問題です。正解にできた人も，(A)と(B)がダメな理由をすぐに言えましたか？

文意は，「スターデザインアソシエイツの社長は，次のプロジェクトのチームリーダーを任命した」。過去の話として書かれているわけです。

---

21. Quick Polls, Inc., ------- the area right now to determine the percentage of imported food in the average home.

(A) surveyed
(B) is surveying
(C) survey
(D) surveys

この問題は，Time Indicatorの見極めが肝心です。ずばりそれは，right nowです。nowを強調してさらにrightをつけています。「まさに今！」って感じでしょうか。

STAGE 11 みんなが混乱しているTOEIC時制のツボ(3)

　よって，正解は現在進行形の(B)is surveyingになります。(A)surveyedは過去形なので全然合わないですね。(C)surveyという選択肢，面白いですね。人呼んで，"動詞の原形の放置"(？)とでもいいましょうか(笑)。

　これは，仮に広い意味での現在の話として，right nowがなかったとしても正解ではありません。なぜって，sが付いていないから。

　主語のQuick Polls, Inc.,という会社は3人称でしょう。なので，現在形として動詞を生かすなら，そもそも3単現のsをつけないといけないわけです。なのに原形のまま置いてある。まさに「なんのために」，「なんのひっかけなの」って感じでしょうか。が，本番では良く見かける選択肢です。

　で，その肝心のsがついているのが(D)surveysですが，right nowという，進行形と強くくっつく副詞句があるので，ダメです。もしright nowがなかったら？ そしたら，日常的に繰り返して，survey(調査)している，ということで，(D)はOKになります。

　この文の意味は，「クイックポール(株)は，現在平均的な家庭の食事における輸入食品の割合を調査しています」。

> **22.** As of the end of this month, Mr. Lee
> the President of this company for seven years.
>
> (A) will have been
> (B) had been
> (C) is
> (D) was

　この問題の曲者(クセモノ)は，As ofというTime Indicatorです。

　As of ってなんでしょうか。多くの辞書や参考書ではきちんと扱ってくれていないようです。が，実際にTOEICに出題されたことがあります。

　厳密には，次の2つの意味があります。

> ① 「〜の時点で」──as of May 23(5月23日の時点で，5月23日付けで)
>
> ② 「〜から」(＝as from or from)

よって，未来形(進行形)とも使えるし，未来完了とも使えます。

　〈未来形の例〉As of May 23, he will be our boss.
　　　　　　　(5月23日から彼は私たちのボスになります)

　この意味からいくと，22番のセンテンスは，「今月末からリーさんは……」という意味合いになると思われます。が，待ったあー！

　選択肢に，未来を示すものがないのですね，未来完了の(A)will have beenを除いて。でも，これは普通の未来形じゃない。普通ならwill beのはず。

STAGE 11 みんなが混乱しているTOEIC時制のツボ(3)

　文の後ろを見ると，for seven yearsと期間を表す語句が来ている。これで，未来完了形と合うことがわかります。ここでは①のほうの意味ですね。

　「今月末の時点で(未来のある1点で)，7年間～したことになる」という意味合いです。なので，ここは未来完了の(A)will have beenが正解ということになります。意味は「今月末でリー氏は，7年間この会社の社長を務めたことになる」。

　以上，4問やりました。満点だったことを祈っています。

コーヒーブレイク

伸びる人の行動

　TOEICのスコアを大きく伸ばす人となかなか伸ばせない人では，行動がまるっきり違います。ここでは具体的な例を挙げましょう。

① **伸びる人は辞書を引きます**。え？ 辞書を引くなんて当たり前でしょ，と思われるかもしれませんが，いいえ，そんなことはありません。多くのTOEIC学習者は辞書を引きません。正確に言うと，引けません。なぜって，「面倒で」。

　その前に辞書を買わないかもしれない。昔のがあるからこれで十分，みたいな。電子辞書を買うにしても，一番安いのを買うかもしれない（笑）。英語に価値を置いてないから，とにかく辞書を軽視します。だから，**辞書を引けるだけで，その人はスコアーアップできる切符を持っている**ことになります。

　辞書がなかったら学習して何かを学ぶことは非常に限定的になります。反対に伸びる人は，辞書好きです。辞書を引くことが好きになれるかどうかはとても重要です。但し，問題を解いているときに，辞書を引いている人は伸びませんが（笑）。

② **伸びる人は，辞書の読み方が違います**。伸びない人は，英和で意味を調べて，「はい，おしまい」。伸びる人は，必ず品詞，文型などをチェックします。そして意味，例文へと進みます。さらに伸びる人は，英英などにも飛んで，例文だけでも読もうとします。

　この小さい差が大きい。さらに伸びる人は，履歴をちょくちょくチェックして単語を確認します。自分をテストするのです。そして必ずいくつかは忘れていますから，それを再度確認して，また例文を読みます。

③ **伸びる人は，自分の弱点を指摘して欲しい人です。**伸びない人は，自分の弱点を指摘されたりすると，変にショックを受けたり，萎縮したりしてしまいます。伸びる人は貪欲ですから，どんどん言って欲しいのです。自分が大人になって英語を始めたということをよく自覚しています。大人になって始めるのだから，こりゃたくさんの時間をかけないとダメだな，と謙虚です。

　ここが伸びない人との最大の違いの1つです。大人になるほど，謙虚になるのが難しくなります。大きくスコアーを伸ばすなら，本気で受験生になったつもりで頑張らないといけません。

④ **伸びる人は，教材を繰り返して使う傾向が強い人です。**うちの学校の生徒さんを見ていても，伸びる人は，学んだことを何度か繰り返して自分に染み込ませます。伸びない人は，学校や教材でもなんでも，あっちがいいと聞けばそれに飛びつき，こっちがいいと聞けばそれに飛びつき，という感じです。「青い鳥症候群」と呼ばれています。いろいろな英語学校を渡り歩いている人も，この類です。

⑤ **伸びる人は，小手先のテクニックというものに頼りません。**一からやろうとします。じっくり取り組みます。中途半端なスコアの人ほど，テクニックでスコアを上げようとしますが，結局，元の木阿弥です。テクニックに頼っても基礎がグラグラでは使いこなせません。足りない部分を補うためには，常に土台作りを欠かさず行うことです。

⑥　伸びる人は，長本を崇拝しています。長本以外に良い先生はいないと思っています。――ウソウソ(笑)。

以上，簡潔に語ってみました。

STAGE 12

TOEICにおける助動詞

真実は単純なり

　今回の授業では，助動詞を扱います。助動詞のお話をする前に，1つ，実践問題を解いてみてください。

実践問題にチャレンジ㉓

23. The sales department cannot ------- the data until everyone has submitted their reports.

　　(A) processes
　　(B) process
　　(C) processing
　　(D) processed

　この問題の正解は，ずばり(B)です。すぐにできた人も多いですね。理由は単純明快，**「空所の前が助動詞のcannotだから，その後ろは動詞の原形」**ですね。それでOKです。
　選択肢を見ると，動詞の原形は，(B)だけです。あとはいろいろ付いちゃってる。だから，ありえないわけです。意味なんか関係ないですね。

STAGE 12 | TOEICにおける助動詞

　このprocessという単語は，日本語でも「プロセス」と言うので，名詞と思ってしまう人もいるかと思います。もちろん名詞で「過程」という意味もあります。が，この場合は動詞ですね。助動詞の後ろにあるのだから。**助動詞の後ろにいきなり名詞が来ることはありません。**

　動詞としての意味は，「加工する，処理する，検討する」です。文意は「全員がレポートを提出するまで，そのデータを処理できません」です。

● ちょっと　お耳を!　● 助動詞の話 ● ● ● ● ● ● ● ● ● ●

★助動詞のいろいろ

　ここでTOEICのPart 5における助動詞のお話を少ししておきます。助動詞には，いま出てきたcanのほかに，どんなのがありますか？
　　will, may, might, should, must, could, would
などがありますね。また，さらにいろいろとくっついて，
　　"must have＋過去分詞"
　　"can have＋過去分詞"
　　"should have＋過去分詞"
などもありますね。例えば，mayとmightの違いは？──mayが現在で，mightが過去形？　全然違います。mightは現在〜未来のことでも，たくさん使えます。
　　　He might come tonight.
と言えば，「彼は今夜来るかもしれない」。He may come tonight. と言っても同じ意味です。

★こんな助動詞の問題はTOEICには出ない

　こういうmayとmightの違いなどは，個々人によって，感じ方，ニュアンスの解釈の仕方がさまざまで一概に言えません。ということは，**これらの微妙な違いは，TOEICには出題されない**ということです。

まだあります。例えば，先ほどの"must have＋過去分詞"。これは「～だったに違いない」という文です。過去に対する断定推量なんて言われています。が，これも出ない。選択肢の中にさえ出てきません。たまに誤答として他の選択肢の中にあったとしても正解じゃない。

また，"should have＋過去分詞"も同様です。これは，「～すべきだった」という過去に対する後悔や相手の過去の行動に対する非難などを表しますが，これも出ない。

★助動詞では，何が出るの？

じゃ，助動詞は何が出るの？　って話になると，**"助動詞＋動詞の原形"が，一番多く出ます**。単純なんですね。ただ，余りにも単純な問題のせいか，**わざと not を入れてくることもある**。

今のところTOEICは，受験者全員が同じ問題を解くのが原則です。だから，TOEICで200点の人も800点の人も同じ問題を解く。だから，極端にレベルの低い問題も入れておかないといけない。その項目の1つが，この"助動詞＋動詞の原形"なんです。

覚えておいてください。多いときには1度に2問も，10問くらい問題を空けてから出題されることもあります。

★"助動詞＋原形動詞"

形をまとめると，

| will / can / must / could / should / would / might / may | ＋（not）＋原形動詞 |

↑ここに単純に動詞の原形を入れさせる。他の誤答選択肢は，to不定詞だったり，動名詞だったり，受け身だったり，選びようがないものが入っている。

繰り返しますが，notは，入るときと入らないときとあります。助動詞そのものについては，何が出てくるかは予想できません。

STAGE 12 | TOEICにおける助動詞

ついでにもう1つ加えておきますか……。

今回の実践問題では，processは動詞として出題されていましたが，名詞と思ってしまう人もいるということをお話ししました。

似たような単語にpracticeがあります。「実践する」という動詞と「実践」という名詞。それぞれ文のどの位置になるか，瞬時に判断しなくてはいけません。だからここでもまず，品詞を意識することが基本になるわけです。

ここで，TOEICが好む，「どちらで文を作ってくるかわからない単語」を挙げておきます。

　　plan（計画する，計画）　　　demand（要求する，要求）
　　request（リクエストする，リクエスト）　address（対処する，演説する，住所）
　　talk（しゃべる，お話，議論）　issue（発行する，問題）
　　service（アフターサービスをする，奉仕，サービス）
　　cost（コストがかかる，費用）　refund（お金を返す，返金）
　　order（注文する，命令する，注文）　increase（増える，増加）
　　schedule（計画を組む，スケジュール）

> **鉄則29**
> ・TOEICでは，助動詞の後ろは動詞の原形と覚えておく。
> ・名詞にも動詞にもなる単語はたくさん存在する。

STAGE 13

受動態と能動態
〈基本編〉

受け身の形ができるまで

　TOEICには，いわゆる「受け身」，正式に言うと「受動態」の問題が出題されます。受け身の問題は，大きく，2種類に分かれます。1つは，純粋に態だけが問われている問題。もう1つは，時制も絡んでいる問題です。

　TOEICで600点前後からそれ以下の人の場合は，まず受動と能動の基本的な区別を理解しておく，思い出しておく必要があります。

　そこで，ここからは**受け身というのは，どのように作られるものなのか**ということを改めて確認しながら，基本から理解していきましょう。

受け身の文の作り方

　まず，能動態ってなんでしたっけ？　そうです，**「…が～する」**という文ですね，簡単に言えば。では**受動態は？「…が～される」という文**でした。

　そこで，次のExerciseをやってみましょう。

STAGE 13 受動態と能動態 〈基本編〉

Exercise 6

Directions: 以下の各文は，全て能動態の文ですが，受動態の文にしてみてください。が，中には受動態にできないものもあるかもしれません。その場合は，×をして，できない理由を言ってください。

1. The company produces personal computers.
2. Ms. Waki emerged as an outstanding artist.
3. Maki Okubo finally became an accountant.

1. この文型は，Stage 3でやった第3文型ですね。"S+V+O"です。そこで，目的語のpersonal computersを主語に持ってきます。それで受け身は，"be動詞＋過去分詞"で作るので，are producedにします。そして行為者はbyで示すので，by the companyとしますね。正解は，

　　Personal computers are produced by the company.

　（パソコンは，その会社によって作られている）

です。基本中の基本。できましたね。

2. これはどうでしょうか。正解は，「受動態の文にはできない」です。なぜって，emerge(現れる)という動詞が，自動詞だからです。なので，目的語を必要としません。よって受け身になりようがない。

　これがもし「〜を出現させる」という意味の動詞だったら，目的語が必要なのだから，受動態の文にすることも可能なわけです。

「現れる」と「出現させる」では，全然違いますね。

　emergeが自動詞ということは，文の構造的には，そこで骨組みは終わりで，あとは前置詞句のas an outstanding artist(優れたアーチストとして)が残っているだけです。

3. 「大久保真希さんはついに会計士(accountant)になった」という文です。果たして，受動態にできるか。これも**できません**。

　というのも，finallyという副詞を取ってみると，

　　Okubo ＝ accountant

ということになりますね。becameを，単純に「～である」というのが原義のbe動詞に変えて，時制を過去で合わせると，wasになります。

　　Okubo was an accountant.

と言えますね。これは第3ステージでやった**第2文型**です。becomeは「～になる」という動詞で，他動詞のようで**他動詞ではありません**。

　ここをもう少しわかりやすい例で見てみましょう。例えば，

　　I enjoy music.

という文は，enjoyをbe動詞に変えて，amには直せませんね。I am music(私は音楽だ)となってしまう。これではだめです。enjoyは他動詞で目的語を取る。でも，becomeは他動詞ではなく，補語を取る自動詞なので，これは**受け身になりえない**わけです。

STAGE 13 受動態と能動態 〈基本編〉

鉄則30 受動態にできるのは，元々の能動態において他動詞が入っていた場合だけ。

では，次の文はどうでしょう。

> 4. The sales department must replace the old computers.
> 5. They have just finished the sale.

4. さて，この文の構造はどうでしょうか。主語はdepartment。動詞は，replaceという他動詞で，意味は「～と取り替える，～に取って代わる」です。目的語がcomputers。構造的には，先ほどの1番と同じ，第3文型のSVOです。ということは，受け身の文にできるわけです。どうしますか？

　まず，主語が，The old computersになります。動詞は，replaceでした。ただ，今回の場合，1番と違うのは，動詞の前に助動詞のmustが入っていることです。「～しなければならない，～に違いない」。**受け身になっても助動詞は残ります。**mustは残る。そして，助動詞の次は，動詞の原形でしたね。受け身の場合の原形はbe動詞のbeです。そして，過去分詞を続けます。

　すると，The old computers must be replacedとなる。あとは，by the sales departmentをつけるだけです。

> The old computers must be replaced by the sales department.

文字通り訳せば，「古いコンピューターは，営業部門によって，

（新しいものに）取り替えられなければならない」です。

　Stage 12でやった通り，助動詞の後ろは動詞の原形という法則は変わらないので，受け身の場合は，beを残して，must be replacedになるわけです。ただ，本番では，どの助動詞が出るかわかりません。will be replacedかもしれないし，should be replacedかもしれないし，might be replacedかもしれません。

> **鉄則31** 受け身の文に助動詞が入ると，その後ろは，be動詞の原形になって"be＋過去分詞"という形になる。

5. 5の文の最初の重要な点は，finishというTOEICが大好きな基礎単語が，自動詞なのか他動詞なのか，ということです。もちろん他動詞です，「～を終わらせる」のだから。目的語もちゃんとついていますね，sale（大安売り）です。

　なので，まず受動態には「できる」わけです。これを迷ってしまっている人が，結構いますね。なんで～～？　迷えないでしょ。

　今度はこれを受け身にします。どうしますか。

　The saleを主語にもってきます。そのあとです，問題は。

　　The sale was finished by them ……×××

　ダメ。時制が違ってしまっている。元の文は現在完了でしょ。だから，受け身も現在完了にしないといけない。そこで受け身のときのbe動詞は，beenになりますね。

　　The sale have just been finished by them ……×

これもダメです。でも、かなり多いですね、こうやってしまう人。saleは単数なんだから、hasにしないと。そこで、

　　The sale has just been finished by them. (○)

が正解です。主語の単複が変わったら、動詞の単複も合わせないといけません。

では、次です。

---

6. The seminar begins at 2 p.m.

　これは受動態にできませんね。at 2 p.m.は、「2時に」という時を表す副詞句に過ぎません。beginの目的語にはなっていない。この場合のbeginは自動詞で「始まる」です。

　beginには他動詞で、「～を始める」もありますね。それなら目的語があるはず。でも今回の文はない。よって、受け身にできないわけです。

---

7. Professor Maslow will give us a lecture on economics tomorrow.

　この文は、giveの目的語が2つある第4文型です。それぞれusとlectureです。**目的語が2つあるということは、受身の文も2つ作れる**ということです。1つしか言えなかった人はまだまだです。

　まず**usを主語に持ってきた場合**、こうなります。

　　We will be given a lecture on economics tomorrow by Professor Maslow.

（私たちは明日，マズロー教授の経済学の講義を受けます）

今度は，lectureを主語に持ってきた場合，こうなる。

A lecture on economics will be given to us tomorrow by Professor Maslow.

どちらにしても文の主旨は同じ。ただ，受動態が2つ作れるということです。

> **鉄則32** 元々の動詞が2つの目的語を取る場合，受け身の文も2つできる。

では，最後です。

> 8. The marketing department increased the number of workers.

increaseという動詞は自動詞と他動詞の2つがあります。自動詞なら「増える，増加する」。他動詞なら，「〜を増やす」。ここではどっちでしょう。

the number 〜 というのは，「たくさんの〜」ではなくて，「〜の数」です。「たくさんの〜」なら，a number ofですね。

そこで，ここでは「従業員の数を増やした」と書かれているわけで，increaseは他動詞です。SVOの第3文型。十分に受動態にできる条件が整っているわけです。そこであとは簡単ですね。the number of workersを主語に持ってきて，動詞は過去形のまま受動態を作ればいい。正解は，こうなります。

STAGE 13 受動態と能動態 〈基本編〉

The number of workers was increased by the marketing department.
（マーケティング部によって従業員の数が増やされた）

受動態のbyは常に必要？

実際の多くの英文では，受動態の行為者のbyは，省略されます。なぜでしょう？ 理由は，主に以下の2つです。

《行為者のbyが省略されるわけ》
① 行為者が明らかな場合
　The letter has just been delivered.
　（その手紙はちょうど配達されたところです）
　＊配達したのは，郵便屋か宅配業者に決まっている。
② 行為者が誰かわからない
　His arriving time was changed.
　（彼の到着時刻が変更された）

　＊なぜ変更になったのか（何が彼の到着時刻を変更させたのか）が不明。

なぜ能動態でなく，受動態にする必要があるの？

基本的には，「…が〜した」ことよりも，「…が〜されている」ことのほうを言いたいときに，受動態が使われます。

Degitec Ltd. was purchased by vulture fund.
（デジテックは，ハゲタカファンドに買収された）

ファンドが買収したことよりも，デジテックという会社が買収されたことのほうが重大。

Efficient assembly processes are adopted by many manufacturers.
(効率的な組立工程が，多くの製造会社によって採用されている)

この文の場合も，組立工程(assembly processes)が採用されていることのほうが，製造業者(manufacturers)が採用していることより重要だと話者(または筆者)が考えているので，受動態になっているわけです。

ここのところ，心して英文を読んでくださいね。

STAGE 14

受動態と能動態
〈瞬時判断編〉

すぐに判断する癖をつける

　Stage 13では，能動態が受動態になる過程を見ました。ここでは，すでに出来上がっていそうな文を見て，このままでいいのかどうかを瞬時に判断する癖をつける練習をします。

　実際のTOEICでは，「正しい受け身の形」を問われるのではなく，「受け身がいいのか，それとも能動態がいいのか」が問われます。

Exercise 7

Directions: 以下の各文の下線部が，そのままでよければ○を，間違っていれば×をして正しくしてください。
＊動詞を他の動詞に変えるなんてことはしません。また，時制を変える問題ではありません。

1. Our secretary will be <u>sending</u> the document by express mail.

2. This brochure <u>is contained</u> a large amount of information.

1. このセンテンスは，後ろにbyがあります。受け身を予感させますね。まず，形から見ましょう。受け身にした場合，sentになりますね。「送られる」と。前が未来のwill beなので，「送られる予定です，送られるでしょう」という意味になります。

受け身の文の場合，過去分詞のsentの後ろにそのまま名詞(この場合ならdocument)が付くか，ということです。形的に。付きませんね。よって，まずここがおかしい。

また意味的にも変です。受動と能動ということを考えるとき，「何が」「何を」したのか，または，されたのか，というのは必ず考えないといけません。この場合，もし受け身にすると「秘書が送られる」みたいな変な文になってしまいます。

今度は，後ろのbyを見ましょう。受け身の文で最後にbyをつけると，それは「行為者」を意味しました。この場合，もし受け身にするなら，「秘書を送った人」です。それが，express mail(速達)というのは，おかしすぎる。

この場合のbyは単なる「手段のby」ですね。ここにひっかかって，……いませんよね。よって，この文はこのままでOK。byがあるからといって，受け身になるとは限らないということです。

つまり，この文は，未来進行形にして，単に未来の予定を表しているだけです。意味は，「我々の秘書が，速達でそのドキュメントを送ります」です。

2. Brochureとは，「パンフ(レット)」のことです。後ろにinformationとあります。その前にごちゃごちゃといろいろ修飾語句がついていますが，要所は，主語と最後にある名詞(information)

STAGE 14 受動態と能動態〈瞬時判断編〉

との関係です。そこで，受け身がいいのか，能動がいいのかを判断します。

　動詞は，contain。これもTOEICが大好きな単語です。「〜を含む，内包する」という他動詞です。is containedということは，パンフレットが情報に含まれている，という意味になりますね。──受け身なんだから。

　それともパンフレットがたくさんの情報を含んでいる，つまり，持っている，内包しているのか。答えは明白ですね。正解はisをとって能動態にするです。

　　This brochure contains a large amount of information.

　containを他の動詞に変えるなら，includeとかhaveになります。a large amount ofは「たくさんの」。

では，次です。

> 3. The heavy snow can be caused lots of traffic jams in the countryside.

　スパッとできて欲しい問題です。主語は「大雪」。下線の後ろには，traffic jams（交通渋滞）という固まった名詞句があります。果たして，大雪と交通事故との関係は？　みたいな問題です。

　causeは，推測できますね。「〜を引き起こす」という他動詞です。起こるというのが，occurという自動詞なのに対して「〜を引き起こす」というのは，他動詞のcauseです。

173

ここでは，**大雪が多くの交通渋滞を引き起こすのか，それとも，交通渋滞が大雪を引き起こすのか，という問題**です。当然，前者が正解です。大雪が降ったら(それが原因となって)交通渋滞が起きるのだから，受け身ではおかしいですね。形的にもおかしいね。受け身の次に即名詞句というのは第3文型が受け身になった場合はありえない話です。正解は，**beをとって，causeにします**。正しい文は，

The heavy snow can cause lots of traffic jams in the countryside.

文意は「大雪が降ると，地方ではたくさんの交通渋滞が起きてしまいます」。

4. The auto show featured a new series of hybrid cars by foreign manufacturers.

ザ，誰も知らない単語, feature。future(未来)ではありません。ただ，**こういう知らない単語が出てきても，ビビらない**で欲しい。主語は，オートショー，つまり，車のショーだし，後ろには，ハイブリッドの車って書いてあるんだから，十分に推測できるでしょ。

featureは，簡単に言えば，「〜を見せる」という意味です。詳しく言うと「〜を呼び物にして人に注目させる」ということ。showと同じようなものです。

文意を考えれば，車のショーが，ハイブリッド車を見せるのだ

から，このままでOKということになります。なーんも深く考えることはありません。動詞に惑わされずに推測する柔らかい頭を持つことです。

「その自動車ショーには外資系のメーカーによる新しいハイブリッド車が出展された」という意味です。

> **鉄則33** 受動態か能動態かは，文の主語と動詞の後ろに来る名詞句との関係を瞬時に判断して決める。

それではここで実践問題を2問やって見ましょう。1問につき，40秒以内で解いてみてください。

実践問題にチャレンジ ㉔ & ㉕

24. Only the winning entries in the company slogan contest will be ------- in this month's company newsletter.

(A) published
(B) publishing
(C) publish
(D) publishes

25. In order to increase profits and lessen environmental impacts, the company has decided it will be ------- alternative crops.

(A) growing
(B) grow
(C) grows
(D) grown

24. さっそく，主語と動詞の後ろとの関係を見ましょう。主語はなんでしょう？ 1語で！

　そう，entriesです。「エントリーナンバー～～！」――タカノユリのシンデレラ大会の発表シーンを想像してください。こんなに痩せたんです！って。そして，空所の後ろは，「来月の会社のニュースレター(社報)に」です。winning entriesとあることから，コンテストかなにか，とにかく競争だな，ということはわかるかと思います。

STAGE 14 受動態と能動態〈瞬時判断編〉

　空所の前は，助動詞のwillとbe動詞の原形のbeです。ということは，be動詞の後ろには，普通どんなものが来るかです。
　まず，大きく一般論で考えると，be動詞の後ろには，形容詞，動詞，名詞がくるわけです。今回の選択肢の中には，動詞しかないのだから，今度は動詞の中で何がベストフィットなのかを考えるわけです。
　まず，be動詞の次には，現在分詞の～ingがくる，という選択肢が1つありますね。～ingをつけるなら，能動態です。もう1つ，～edなら，"be動詞＋過去分詞"ということになり，受動態ということになります。
　どっちでしょう。今度は空所の後ろを見ると前置詞句です。ということは，もし動詞が自動詞なら，～ing形でもいいことになりますし，他動詞なら～ingを使って能動態にしてしまうと，目的語が必要になるので，ここには入らないことになります。
　つまり，もし他動詞がくるなら，～ed形しか正解になりえないということです。ここら辺の理屈を理詰めで考える癖をつけておかないと本番ではやられてしまいますよ。
　そこで，publishです。これは他動詞です。「～を出版する，掲載する，発行する」。よって，正解は，過去分詞を入れて受け身にするので，(A)publishedということになります。
　意味は，「会社のスローガンコンテストにおいて勝ったエントリーだけが今月の会社のニュースレターに掲載されます」。

25. In order to increase profits and lessen environmental impacts, the company has decided it will be ------- alternative crops.

(A) growing
(B) grow
(C) grows
(D) grown

　24番と同じwill beです。なので，ここは迷えない。4つの選択肢のうちで一瞬迷うのは，現在分詞の(A)growingか過去分詞の(D)grownだけ。

　そこで直後を見る。後ろには名詞crop。農作物。こういうとき，形容詞（この場合はalternative）を入れて「かませる」のがTOEIC，……というお話，以前にしましたね。とらわれないこと。cropという名詞こそ大事です。

　後ろに名詞がきているのだから，能動態以外には考えられないというのをさんざん前の演習でやりましたね。正解は，**(A) growing**ということになります。growは自動詞なら，「成長する，育つ，増える」。他動詞なら「〜を栽培する，育てる」です。

　ここでのgrowは，後ろに目的語を取る他動詞なので，意味は「利益を上げ，環境への影響を軽減する(lessen)するため，その会社は，代替作物(alternative crop)を作ることに決めた」。単語はその都度，覚えていくことです。

STAGE 15

仮定法はifから

形を覚えてしまうだけ

　さて，仮定法に入ります。仮定法の問題は，1997年～2003年にかけて頻出していたものの，2004年以降には激減し，その後また少しだけ復活し始めています。大きな波を打って出題頻度が約5年周期で変わる項目の1つです。

　ここではいつ出されても対応できるように，特に**「TOEICにおける」仮定法**というテーマでお話ししたいと思います。

　仮定法と聞いてまずみなさんが思い浮かべるのは，当たり前ですが，「何かを仮定すること」だと思います。具体的にはif～～という形ですね。まず初めはそれで大丈夫です。

　問題は，そのif以下で，**いつのことを仮定して言っているのか**ということになります。その「いつのこと」によって，後ろの形が変わってくるわけです。

仮定法の形式

　ifを使った仮定法の形はシンプルです。2つあります。

　① If S+V, S+V
　② S+V if S+V

"if S+V"には，呼び名がいくつかあります。「条件節」と言ってもいいし，「if節」と言う人もいるし，「条件の副詞節」と言う人もいるし，はたまた「従属節」，「従節」という人もいます。ここでは単純に if節 と呼びますね。

もう1つの"S+V"というのが，話者の言いたい結論のほうで，これを「主節」とも言えば，「帰結節」と言う人もいます。ここでは**主節**と呼びますね。

まあ名前なんてテキトウでいいです。形だけまず把握しておいてください。

そこで，1つ問題を解いてみましょう。

Exercise 8

Directions: 以下の文を完成するのに，(　　)内の語句のうち，正しいものを1つだけ選んでください。

---

1. If you had worked harder on the TOEIC, you (will get / would get / would have gotten) over 730.

ここで，would get を選んだ人は，私が愛する人です。愛すべき人です。間違ってくれなかったら，私の存在意義がありません。反対に，「こんなの簡単じゃん」と言って，would have gottenを選んだ人は，正解ですが，残念な人です（笑）。

典型的な誤答は，would get。目も当てられないほどのすばらしい人は，will getを選んだ人，また「よくわからなかった。迷っ

STAGE 15 仮定法はifから

た」と言う人も私は大好きです。

　仮定法でやってはいけないことの大事なことの1つが,「意味で考える」ということです。いつも言っていますが,意味で考えないとできない問題もたくさんあります。が,意味なしで形だけでいけてしまうものも結構あり,TOEICで出る仮定法は,形onlyでいけてしまう類に属します。

　この場合は,if節の中の"had＋過去分詞(worked)"に注目します。これを見れば,自動的に,主節は"would＋have＋過去分詞(gotten)"という形に決まります。

　もう1度,if節の中を見てください。had workedの部分が,「過去完了」になっています。時制のところでやりましたね,過去完了。それがif節の中に入るので,仮定法過去完了と呼ぶのです。

　もし現在形なら,you work,過去形ならyou workedだったわけです。ここではif節が仮定法過去完了なので,主節は,"would＋have＋過去分詞"という形になるというわけです。それだけの,話。

　でも,TOEICでは,こういうさまざまな"それだけの話"を理解していない人が大勢いるのです。ちょうどそれは,受験生の(おそらく)半分以上の人が,どのパートが何問あって,何分で解かないといけないとか,ぜ〜んぜんわかっていないのと同じことです。

　今度は,これは？

2. If Mr. Franklin (knows / knew / had known) the latest information, he would immediately report to his boss.

　1番は間違えたけど，これは即，正解にできた人は，この授業にある程度の推測を持ってついてこれている人です。1番も正解で，これもサッと正解にできた人は，初めから予備知識がある人です。そして，両方間違えた人は，もっと想像して！

　さて，主節を見ましょう。主節は，"would＋動詞の原形（report）"になってますね。その間にはlyのついた副詞が入っていますが，これは副詞のステージでやりましたね。

　副詞のような修飾語はここでは無視します。主節の中が"would＋動詞の原形"ということは，if節の中は単純に過去形を選ぶだけなので，正解はknewということになります。これを仮定法過去と言います。

　《仮定法過去》
　　If S 過去形…, S would 原形 …．

　1番の"had＋過去分詞"とは違いますね。
　さて，この2番ですが，あなたはこれは「いつの話」と思っていますか？ 多くの人は，knewが正解で仮定法過去と呼ぶのだから，過去の話でしょ，と思っているわけです。「フランクリンさんが…を（過去の時点で）知っていたら，〜したでしょう」と。

　裏を返せば，「実際は，過去において…を知らなかったので，〜しなかった」と，理解している。

　違うんです。

STAGE 15 仮定法はifから

　なぜって，**「仮定法過去」というのは，動詞の形が過去ということに過ぎない**からです。**仮定法とは，「動詞の形」**だと覚えてください。その**動詞の形が過去形に過ぎないので，仮定法過去と呼んでいるだけ**で，実際には**現在と反対の事実を述べている**のです。

　なので，この2番の文を正確に訳せば，「もしフランクリンさんが，（現在）最新の情報を知っているなら，すぐに上司に報告するだろう」ということになります。

　仮定法過去が，現在と反対の事実を仮定しているということは，実際の仮定している「時」が名前よりも1つずれるということを意味しています。

　では，ここでもう1度，1番の英文に戻りましょう。

　If you had worked harder on the TOEIC, you would have gotten over 730.

　これは先ほどやった通り，仮定法過去完了です。これこそ，**過去に起こった事実の反対を仮定している言い方**になります。訳せば，「もし（あのとき）もっとあなたが頑張ってTOEICの勉強をしていたら，（過去において）730点以上が取れていたでしょうに」です。

　実際は，頑張らなかったので取れなかったわけですね。今の皆さんです。失礼。

鉄則34
- 仮定法過去は，if節の動詞が過去形のことであって，実際には現在と反対の事実を仮定している。
 (If＋S＋過去形, S＋would＋動詞の原形)
- 仮定法過去完了は，if節の動詞が過去完了のことであって，実際には，過去と反対の事実を仮定している。
 (If＋S＋had＋過去分詞, S＋would have＋過去分詞)

ちょっとお耳を！ TOEICと仮定法

　この仮定法において，if節を仮定法過去完了にして，主節を"would＋動詞の原形"という形の文も実際にはありえます。それは，どういう意味になるかと言うと，「過去において，もし～していたら，（今現在）～なのに」という意味になります。

　例えば，1番の文章を少しだけ変えて言うなら，

　　If you had worked harder on TOEIC, you would have over 730 now.

というような混合の文です。意味は，「もしあなたが（過去に）もっと一生懸命TOEICの勉強をしていたら，（今頃）あなたは730点以上を持っていたでしょう」という文です。

　これは考えてみればありえますよね。でも，ここまでひねってTOEICが出題したことはありません。

　TOEICが，もしそういう問題を仮に出したとしたら，それは「ルール違反！」ということになるかもしれません。TOEICはあくまで常識の範

STAGE 15 仮定法はifから

囲内で出してくるのではないかと思います。そして多くのTOEIC対策書がこの仮定法過去と過去完了を扱った結果，仮定法の出題が減ったのではないか，とさえ推測されます。

では，もう1ついきましょう。

> 3. If the stock price of the company (goes / went / had gone) down further, it will be a purchase target for big Chinese companies.

ここでもまた主節を見ます。すると，will beとありますね。未来形のwillです。

ということは，**if節の中の動詞は，現在形のgoesを選びます。これは時制のところでやった未来を表すときや条件の副詞節の中は現在形と同じ原則**です。

これは現在〜未来に対する仮定を示していますが，話者(または筆者)が，**ifの中で述べられていることが現実になる可能性が，50%以上あると思っている場合**にこの形になります。もし可能性がゼロであれば，それは現実と反対のことを述べることになり，さきほどやった仮定法過去にしないといけないので，動詞はwentになり，主節の動詞は"would＋原形の動詞"になるわけです。

この文の意味は，「もしその会社の株価がさらに(further)落ちれば，それは大きな中国企業の格好の買収ターゲットになってしまうだろう」。

鉄則35 仮定法現在は，if節の動詞が現在形になり，主節の動詞にはwillが入る。

　ここまで3つの基本的な仮定法を扱いました。シンプルに理解してもらえれば十分なので，難しいことは除いています。

　1つ頭に入れておいて欲しいのは，仮定法は，if節のほうが空所になる場合もあれば，主節のほうが空所になる場合もあるということです。どちらが出ても対応できる自分になっていてくださいね。

　では，確認の意味で3問連続してやってみてください。

---

4. If there (are / were / had been) any delay in marketing the product, it would not have sold so well.

5. If Daniel Minot (had been named / is named / was named) as new director of the company, most people would welcome the change.

6. Unless Mike controls his calories, he (will / would) gain weight much faster than he thinks he will.

---

4. 一度原則 をマスターしてしまえば，後は簡単ですね。この文の場合，通常の文とは違って，いわゆるthere構文ということで，"be動詞＋主語"という語順になっています。

　なので，if節の主語は，extra incentivesですね。ま，仮定法の問題を解くのに意味は関係ありませんが。そこで主節を見ると，"would have＋過去分詞"になっています。

ということで，正解は，had beenになりますね。**仮定法過去完了**で，**過去の事実と反対の仮定**を表します。beenはbe動詞の過去分詞ですね。

意味は「もしその製品を売り始めるのが遅れていたら，たくさんは売れなかっただろう」。

5. 主節の中の動詞は"would＋動詞の原形"(welcome＝歓迎する)になっています。ということは，**仮定法過去**ということです。そこで，if節の中は，動詞の過去形を選ばないといけない。

この場合は，全て受け身になっていますね。"be動詞＋過去分詞(named)"。正解は，was namedになります。この場合のnameは「名前をつける」という意味ではなく，**「任命する」**(＝appoint, nominate)という意味です。

意味は「もし会社の新ディレクターとしてダニエル・ミノットが任命されるとしたら，大半の人は歓迎するだろう」。

6. 仮定法を作る接続詞unlessに影響を受けないでください。この接続詞は，意味的にはif notに相当し，**「もし〜ないなら」**になります。機能的にはifとなにも変わりありません。

Unless節の動詞は現在形でcontrolsとなっているので，正解はwillですね。**仮定法現在**。意味は「もし彼がカロリーをコントロールしないなら，彼は彼が思っている以上に早く体重を増やしてしまうだろう」。

仮定法で使われる助動詞

さて，ここまで，仮定法の問題を扱っていますが，不思議に思ったことはありませんか？ ここまでwillとwouldしか出てきてませんよね。

なぜ，shouldとかcouldとかmustとか出ないのかなって思いませんでした？ わかってます。全然思わなかったんでしょ（笑）。考えもしなかった。わかってます。ただ，ひたすら聞いて問題解いてるだけね。わかってます（笑）。

そこで，情報として，少し加えておきます。仮定法と言っても主節には，実際にはいろいろな助動詞がこれます。例えばこんなの。

> If he had known about that, he should have told us.
> （もし彼がそのことを知っていたなら，私たちに教えるべきだったのに）＝実際は知っていたのに教えてくれなかった。

でも，なぜかTOEICには，こういうのは出てこない。今後はわかりません。でも少なくともPart 5には出てこないのです。推測ですが，shouldやcouldには，かなり感情が入ってしまうためかも知れません。わからない。

選択肢の中に誤答として入っていることも，たまにはありますが，正解になることはほとんどありません。だからここではwillとwouldしか扱っていません。そのこと，一応知っておいてください。

それでは実践問題に入ります。連続で3問解いてみましょう。

STAGE 15 仮定法はifから

実践問題にチャレンジ ㉖〜㉘

26. If Paleshio Electronics had not withdrawn from the field of liquid crystal displays sooner, it ------- its profitability in six months.

    (A) is not recovering
    (B) will not recover
    (C) does not recover
    (D) would not have recovered

27. If the product sells well in the test markets, E-Toys, Inc., ------- retail displays to all outlets from next month.

    (A) will deliver
    (B) has delivered
    (C) delivered
    (D) deliver

28. If the foreman ------- the danger associated with installing the new equipment, he would require all of the workers to wear protective gear.

    (A) recognize
    (B) recognized
    (C) had recognized
    (D) are recognizing

26. 仮定法の小さな問題をやったあとなので，簡単にできてしまったでしょう。ここで間違えたら，前の話をちゃんと聞いていなかったってことになりますよ！

まず，主節のほうの動詞の部分が空所になっていることを確認します。次にif節を見ると，動詞は，had＋not＋過去分詞（withdrawn）となっているので，意味に関わらず仮定法過去完了ということがわかります。今回は，TOEICがよくやるように否定のnotが入っているだけですので，別に気にする必要はありません。

主節に入れるべき動詞の形は，if節に合わせるだけなので，正解は（D）ということになります。文意は，「もしパレシオエレクトリック社が（過去において）もっと早く液晶ディスプレイから撤退していなかったら6か月で収益回復を果たせていなかっただろう」。

27. この問題も5秒ですね。if節の中の動詞が現在形（sells）なので，主節の中は，"will＋原形"を選ぶだけでした。正解は（A）will deliverです。

本番に出たら絶対に間違えられません。文意は「もしテスト市場でその製品の販売が好調だったら，E-Toys社は来月に全ての小売店舗にそれを配置します」。

●ちょっとお耳を！ ●曖昧な選択肢を嫌うTOEIC●●●

ここで少しだけ深いお話をします。まれですが，27番の問題で（D）deliverを選んでしまう人がいるのです。現在形でいいだろうと。でも，これは3単現のsが付いていないからダメですね。同時に仮定法の規則に従えば，willがないからダメです。

が，……じゃあもしdeliversというように普通にsが付いて現在形

STAGE 15　仮定法はifから

だったらどうでしょう？　それでも×ですか，という問題が残ります。実際，英語では，

　"If S 現在形，S 現在形"

という形もたくさんあります。その場合のifは「仮定」というよりは，In case(〜した場合は)に近いifで，その場合を想定して話者が発言する場合，主節の動詞は現在形で十分なわけです。そこでもし(D)にsがついていたら，これも正解の可能性があります。

　が，繰り返しになりますが，最近のTOEICは曖昧な問題を一切排除する傾向にあるため，今回の(D)のように3単現のsをつけないで，完全な誤答として提示するという傾向が鮮明に出ています。

　文句をつける人がいるのかもしれませんね。だからこそ，仮定法においても，問題は簡単になりつつあるようです。

---

28. If the foreman ------- the danger associated with installing the new equipment, he would require all of the workers to wear protective gear.

(A) recognize
(B) recognized
(C) had recognized
(D) are recognizing

　基本に忠実に。**基本を忘れない**こと。今回は，if節の中の動詞の部分が空所になっています。よって，主節をチェックしますね。

　"**would＋原形**(require)"ということは，**仮定法過去**ということ。それなら正解は，**(B)recognized**ということになりますね。もう超機械的。意味関係なし。こういう問題は，ですけどね。

　文意は，「もし現場の責任者(foreman)が，新しい設備を導入

する際の危険を認識しているなら，全ての部下に防護用作業服を着させるだろう」。

以上で仮定法のifを中心にした基礎をやりました。しっかり復習してくださいね。

＊　　　＊

それでは次に進みます。まずこの1問を解いてみてください。

実践問題にチャレンジ㉙

29. The company's interest in ------- its product line stems from concerns over market saturation and future growth.

(A) expand
(B) to expand
(C) expanding
(D) expansion

　この問題を解くときも，**意味を考えることは時間の無駄**です。選択肢には(D)の----sionで終わっている名詞を除き，全て動詞が並んでいます。**意味を考えるより，4つの選択肢の品詞を言えることのほうが大事**です。
　この場合なら，(A)から順に動詞，to不定詞，ing形だから動名詞か現在分詞，そして(D)が名詞。そして空所の前後を見ます。

STAGE 15　仮定法はifから

前には決定打，前置詞のinがあります。前置詞の後ろは，……最後は名詞が原則でしたね。Stage 3を思い出してください。原点はあそこ。

　今度は空所の後ろを見ます。its product lineという名詞句です。つまり名詞ということです。となると，"前置詞＋空所＋名詞"となっているわけです。

　前置詞の後ろに名詞を2つ持ってくることはできません。なので，いくら前置詞の後ろは名詞だと言っても，この場合，(D)は入れられません。そこで，名詞の代わりをしてくれて，かつ，後ろにさらに名詞を伴う語を見つけると，正解は動名詞の(C) expandingということがわかります。

　expandは他動詞なので，目的語をとります。その目的語が付いたまま，前置詞の後ろに(A)のように原形でくることはできないので，動詞が名詞化されて，動名詞になって，expandingという形になるわけです。expandの意味は「拡大する，増やす，広げる」。

　文意は，「市場の飽和(market saturation)と将来の成長への懸念から，その会社は，商品の拡充に関心を持っている」。

> **鉄則36** 前置詞の後ろには，名詞と動名詞が来るが，さらにその後ろを見て，名詞でいいのか動名詞でいいのかを判断しなればいけない。

では，もう1ついってみましょう。

実践問題にチャレンジ ㉚

30. After finalizing recent acquisitions, Manbeck Manifold Manufacturing plans to ------- with the other main supplier in the region.

(A) merge
(B) merged
(C) merging
(D) merges

　この問題の選択肢は，全て動詞が並んでいますね。前後を見ましょう。前は，plan toです。ということは，to不定詞ということになるので，正解は(A) mergeですね。メッチャ簡単でしょ。

　でも，なめちゃいけない。こういう基礎的な部分も出してくるのがTOEICです。**本番では落とせない部類の問題の1つ**です。こういう問題ができたからといって，他人と差がつくわけではありません。**でも，落としたら，悪い意味で差をつけられてしまいます。だってほとんどの人は落とさないから**。たぶん試験会場の同じ教室の8割の人ができてしまう問題でしょう。

　ただ，本番では，同じ「正解にできる」でも，もう少し細かく見ると，違いがあります。それは**この問題を5秒程度で終えてマークシートにマークできるかどうか**ということです。plans toを見る→選択肢を見て判断して決める→マークシートにマークする。ここまでをどれくらい速くやって次の問題にいけるかです。

　ここを同じ「できました」「正解でした」と言っても，ゆっくり

STAGE 15 仮定法はifから

やっていたり，「ちょっとだけ考えました」では，ダメなんです。そのことだけ心に留めておいてください。

　本能的に，動物的に，と言ったら大げさですけど，反応できないといけません。ちなみにmergeは「合併する」という自動詞で通常はwithを取ります。

　意味は，「最近の（他のどこかの）吸収を完了したあと，Manifold Manufacturingは，その地域のメジャーな供給会社と合併する計画を持っている」。

> **鉄則37** 不定詞を入れるか動名詞を入れるかの判断問題は，簡単なゆえに落とせない。いかに正確に，かつ，すばやく判断するかが勝負。

STAGE 16

TOEICにおける動名詞と不定詞

基本の要点を確認しておこう

では，ここからは動名詞と不定詞の基本事項に触れます。

動名詞の形

　動名詞は，動詞にingがついた形を言いますが，もう1つ，動詞にingがついたものがありますね。なんでしょう？ それは現在分詞です。進行形に使われている，あれです。

　動名詞は，先ほども説明しましたが，「〜する」が「〜すること」に変化したものなのに対して，現在分詞は，「〜しているところだ」という意味を持っています。

　　My job is <u>doing</u> research on this topic.
　　　　　　　動名詞

　　（私の仕事は，このトピックのリサーチをすることです）

　　I am <u>doing</u> some research on this topic.
　　　　　現在分詞

　　（私は，このトピックのリサーチをしているところです）

　動詞にingがついたからといって，全部動名詞になるわけじゃない。まずここが，特にこの先TOEICで700点〜800点を取ることを

考えている人にとっては、大事な一歩になります。

＊現在分詞については、結構深いテーマなので、今回はこの程度しか触れません。またあとで。

不定詞の呼び方と形

「to不定詞」と呼ぶ人と「不定詞」と呼ぶ人がいますね。どちらでも。僕は面倒なので、不定詞と言います。不定詞とは、"to＋動詞の原形"と理解してください。

動名詞と不定詞がなぜペアーで語られるのかというと、2つとも、英文の中で同じ場所に入るケースがあるからです。一方、それらはいつも同じ場所とは限らず、どちらかしか入らない場合もあります。だからペアーで覚えておいたほうが、まず基本としてはいいわけです。

以下に簡単にまとめておきます。

動名詞と不定詞の共通点

① 共に主語になれる。

Studying for the TOEIC is my top priority now.
　動名詞

(TOEICのために勉強することが、今は最優先だ)

To study for the TOEIC is my top priority now.
　不定詞

(TOEICのために勉強することが、今は最優先だ)

② 共に補語になれる。

My top priority now is studying for the TOEIC.
　　　　　　　　　　　　　動名詞

(今の最優先事項は，TOEICのために勉強することだ)

　　＊ちなみに，これは現在分詞ではありませんから。現在分詞だったら，「私の最優先事項が今勉強している」というわけのわからない文意になってしまいます。

My top priority now is <u>to study</u> for the TOEIC.
　　　　　　　　　　　　　不定詞

(今の最優先事項は，TOEICのために勉強することだ)

③ 共に**他動詞の目的語**になれる。

I love <u>studying</u> for the TOEIC.（TOEICの勉強大好き）
　　　　動名詞

I love <u>to study</u> for the TOEIC.（TOEICの勉強大好き）
　　　　不定詞

　　＊こんな人いませんけど。loveをhateに変えれば，たくさんいらっしゃいますが……。

このように文の要素の中の**主語**と**補語**と**目的語**という3つの位置で不定詞と動名詞は，全く**同じ位置に入れる**わけです。

しかし，……動名詞しかこれないところ，不定詞しかダメな場所もあります。**そこがTOEICが狙ってくるところ**です。だって，どちらでもいいところなんて，出しようがないでしょ。

動名詞しかこれない文の位置

動名詞しかこれない文の位置――**それは，前置詞の後ろ**です。先ほどの実践問題の29番でやりましたよね。

ところで，前置詞ってなんですか。いくつか挙げてみてください。

　　in, on, at, about, to, with, beyond, by, from, ……

いろいろありますね。これらの後ろにもし動詞が来たら，その動

詞のままではダメで，名詞化してあげないといけません。そう，**動名詞**にするのです。

④ **前置詞の後ろには動名詞しかこれない。**

　I am interested in studying for the TOEIC.
　　　　　　　　　前置詞＋動名詞

　（私は，TOEICのために勉強**する**ことに興味があります）

ということです。ここに不定詞(to study)はこれないですね。

　これまでやった動名詞と不定詞の①〜④は，全て**「名詞的用法」**と言われている，最も基本のところです。なぜ名詞的用法と言われているかというと，動名詞も不定詞も**「〜すること」**という意味をなすからです。「〜すること」というのは，名詞ということですね。

　この①〜④の中で，不定詞と動名詞が最も頻繁に区別されるポイントがもう1つあります。それは，"動詞＋動詞"になった場合です。例えば，

　　I like speak English.（×）

とは，言えないですね。likeもspeakも両方共に動詞だから，**動詞が2つ並ぶことはできない。**必ず**初めに出てくる動詞，この場合なら，likeのほうに後ろの動詞を決める権利があります。**

　もしlikeが不定詞が好きなら，to speakになる，likeが動名詞が好きならspeakingになるわけです。果たしてlikeはどちらが好きかというと，**どっちも好き**なわけです。

I like to speak English.（○）
　　　I like speaking English.（○）

　この2つの違いについては，学者さんたちがいろいろ研究しているので，興味のある人は調べてください。また，ネイティブに違いを聞いてみるといいです。10人いたら，10人がいろんなことを言うか，「だいたいこっちを言うよ」で，はい，おしまい，という結果になります。

　TOEICはこんなことにはこだわっていません，もちろん。問題として出しようがないから。

　じゃあ，もう少しTOEICライクな単語でsuggestなんかどうなんでしょう。suggestは「提案する」とか「〜にしようよ」ということです。

　　　I suggested to choose plan A.
なのか，それとも，
　　　I suggested choosing plan A.
なのか？　果たして正解は，動名詞のchoosingのほうです。

　がしかし，問題はもう少し深い。長年，こういうところがTOEICでは出題されるだろうと予想されてきた。事実，僕自身もそう思っていた時期もありました。が，いまだにお目にかかっていない。suggestとかconsider（熟考する）とか，そういう動名詞しか伴わないむずかしめの動詞は，結論として事実上出題されないと断言してもいいかもしれません。

　但し，誰にも未来は予測できませんから，出題者の気が変わればわかりません。でも，あたかもそれをしょっちゅう出るように言う

ことは今の僕にはできません。

　それは，昔よく出ていたriseとraiseとか，lieとlayとの違いのような，古い問題群と同じ類か，はたまた狼少年的な，"そもそも出なかった問題"の類かもしれません。

　そこで，一応の目安として，とりあえずこれだけという程度のものなら，というこの授業の趣旨に沿って，次の練習問題をやってみましょう。

Exercise 9

Directions: 以下のセンテンスを完成させるのに，下にある1〜12の動詞をこの文の ------- に入れて文を完成させる場合，その後に続くのは，A〜Cのどれがベストでしょうか，判断してください。1〜12の動詞は全て過去形になっています。

ちなみにcarry outってどんな意味か知っていますか？ 運び出す？ ちゃうちゃうちゃう。「実行する」という句動詞です。

Masako Inoue ------- (A / B / C) the plan.

A. to carry out　　B. carrying out　　C. to carrying out

1. finished	2. promised	3. failed	4. objected
5. managed	6. hoped	7. agreed	8. decided
9. delayed	10. enjoyed	11. expected	12. offered

解答＆解説

これがサラッとできた人は，かなりわかっている人です。

1. 正解はB。finishは動名詞を伴います。
2. 正解はA。promise(約束する)は不定詞を伴います。
3. 正解はA。fail(失敗する)は不定詞を伴います。

STAGE 16 TOEICにおける動名詞と不定詞

4. 正解はC。これ，やられちゃったでしょ。このtoは不定詞のtoではなく，前置詞のtoなんです。だから後ろは動名詞にしないと。object toは「〜に反対する」。toの代わりにagainstも可能です。出たこと？ あるべさあ（笑）。
5. 正解はA。manageは不定詞を伴います。manage toで「なんとか〜する」。
6. 正解はA。hopeは不定詞を伴います。
7. 正解はA。agreeは不定詞を伴います。
8. 正解はA。decideは不定詞を伴います。
9. 正解はB。delay（遅らせる）は動名詞を伴います。
10. 正解はB。enjoyは動名詞を伴います。
11. 正解はA。expectは不定詞を伴います。
12. 正解はA。offer（申し出る，差し出す）は不定詞を伴います。

　この中で，例えば，enjoyなんかはTOEICに出るの？ と思う人もいるかもしれません。enjoyなんて英会話単語でしょう，みたいな。あるいは，リスニングでは聞くだろうけど……，みたいな。
　その答えは，「出たこと，ありますよ」です。なので，意外にも単純なところにTOEICは狙いをつけてくるという傾向があることは事実です。
　それか，"object to＋動名詞"のように普通，人が見落とすところとか。ちなみに公式問題集に出ている"look forward to＋動名詞"という問題ですが，実際のTOEICで見かけたことは個人的にはありません。今後はわかりませんが。

ちょっとお耳を！ TOEICの選択肢

　不定詞や動名詞が実際に出題される場合，大事なのは，他の誤答としての選択肢がどのようになっているかです。例えば，"decide -------＋目的語"という問題の場合，選択肢には，何がくるか。

　例えば，後ろの動詞がdoなら，当然正解は，decide to doを選ぶわけです。これを仮に選択肢(A)としましょう。すると，(A)は，to doになっているわけです。で，じゃあ，(B)〜(D)はどうかというと，当然ながら，動名詞があるのでは？と思うわけです，誤答として。つまり，(B)doingみたいな。が，意外にもこれがなかったりするのです。代わりに(B)doesとか。なんじゃそりゃっていうのがあるんです。

　さらに(C)は，will doとか……。つまり，decide will doみたいになっちゃう。ありえないっしょ。でも，平気で出してくる，TOEICは。だから，こういう150点レベルの問題は，5秒でパスしないと，……なんです。何をテストしたいわけ？というのを試してくるのも，TOEICらしいところです。

　さて，動名詞と不定詞の名詞的用法の説明はこれくらいにして，今度は，不定詞の名詞的用法以外の用法に少しだけ触れておきます。

不定詞の副詞的用法

　これは，基本的に目的を表し，「〜するために」を意味します。副詞というのですが，動詞に意味を与える不定詞ということになります。

　位置は，文頭か文の後ろのほうに来ます。少しかしこまった言い方になりますが，in order toと言うこともあります。TOEICは，in order toが大好きです。

STAGE 16 TOEICにおける動名詞と不定詞

① **文頭の場合**

To improve my scores on the TOEIC, I'm reading this book.

＝In order to improve my scores on the TOEIC, I'm reading this book.

（TOEICのスコアーを上げるためにこの本を読んでいます）

気をつけて欲しいのは，文頭に来る不定詞は，名詞的用法のところでもやったように，「〜すること」という意味になって，**主語になっていることもある**ということです。全ては後ろの構造で判断します。

To improve my scores on the TOEIC is fun.
　　　名詞的用法（〜こと）　　　　　動詞

（TOEICのスコアーを上げることは楽しい）

このように，**名詞的用法の場合は，直後に動詞**がきます。

② **文の後ろのほうの場合**

We attended the seminar (in order) to gather useful information.
　　　　　　　　　　　　　　　　　副詞的用法

（私たちは，有益な情報を集めるためにそのセミナーに参加した）

不定詞の形容詞的用法

形容詞の役目をするのだから，名詞に意味を与えます。例えば，

There is a lot of advice to follow in this book.
　　　　　　　　　名詞　形容詞的用法

（この本には従うべきアドバイスがたくさんある）

知っておきたい"動詞＋目的語＋不定詞"の形を取る動詞

"動詞＋目的語＋不定詞"という形は，能動態のときにも大事ですが，**受動態のときもそれと同じくらい大事**です。一番簡単な例で言うと，askがあります。

askには，基本的に2つの意味がありますね。

　①質問する，尋ねる　　②依頼する，お願いする

そして，②のほうで使われるとき，後ろに不定詞がつくわけです。例えば，

　Mr. Herington asked Ms. Milski to attend the conference.
　（ヘリントンさんは，ミルスキーさんにその会議に出席するように頼んだ）

この種の文の場合，**「動詞の目的語である人（Ms. Milski）が〜する」という意味になる**のが，この構文の特徴です。

これが受け身になると，こうなります。

　Ms. Milski was asked to attend the conference (by Mr. Herington).

ここは注目点です。この形を取る動詞としては，他に以下もあります。

STAGE 16 TOEICにおける動名詞と不定詞

"動詞＋目的語＋不定詞"という形をとる動詞

require（要求する）　　　allow（許可する）
enable（可能にする）　　 expect（期待する）
advise（忠告する）　　　 urge（促す）
force（強いる）　　　　　instruct（指示する）
encourage（励ます）　　　request（要請する）

全て覚えてくださいね。

＊一口伝言──この教材の中の人の名前は，本番のTOEICに合わせて，ヘンテコな名前をたくさん使っています。

以上，動名詞と不定詞の要点だけお伝えしました。

鉄則38 元々能動態のときに後ろに不定詞をつける形を取れる動詞が受け身になっても不定詞になることを覚えておく。

STAGE 17

TOEICの永遠のテーマ〈接続関連：その①〉

「等位」を攻める，攻める，攻める

　今回は，毎回出題の「接続関連」というテーマでお話を進めていきます。接続関連は，けっこう広いテーマです。

　まず，みなさんは「接続」という言葉を聞いて，それをTOEICと掛けると，なんと解きますか？

　接続っていうんだから，必ず何かと何かをくっつけるという話ですよね。くっつけるためには，くっつけるための道具が必要です。その大道具をなんと言うか。それを接続詞と言います。接続詞がなかったら，くっつくものも，くっつかない。

　もう1つは前置詞です。それも，普通の前置詞ではなく，特に接続関連の前置詞です。2つ合わせて，ここでは接続語句とでも呼びましょう。

　そこで，いっぺんにやるとごちゃごちゃになるので，まず接続詞からいきましょう。

接続詞──何かと何かをくっつける

　接続詞というのは，何と何をくっつけられますか。いろいろありますよね。

　　　名詞(句)と名詞(句)

> 動詞と動詞
> 形容詞と形容詞
> 節（S+V）と節（S+V）……

　こんな具合に，接続詞っていうのは，いろいろなものをくっつけられます。但し，**接続詞というのは，みんな一癖(ひとくせ)ある。「私を使うなら，こうしてよっ」**ていう条件があるのです。そこをちゃんとわかってあげないと使いこなせません。ましてメールなんか打てません。

接続関連の問題──2つのレベル

　これをもう少し試験対策的に言うと，**接続関連の問題にはおおよそ2種類の問題が段階的に存在している**ということになります。

① 第1段階の問題：構造だけで判断できる問題

　空所の前後の構造を見れば，どの接続語句が正しいのかわかってしまう問題。つまり，空所の前，あるいは後ろが，こうなっているから使える，こうなっているからここではこの語句は使えない，という判断です。

　初心者は，ここを一生懸命，意味を理解しようとセンテンスと格闘します。結果，どんどん時間が過ぎていってしまいます。**意味をとろうとする行為から離れることができるかどうかが肝心**です。

② 第2段階の問題：文脈を読んで判断すべき問題

　空所の前後の構造を見ると，正しそうなものが複数あり，今度は意味で考えて，入る，入らないを選ばなくてはならな

い問題。ここで個人差が大きくなります。

　それぞれの接続語句が，わかっている人とわかっていない人の差，また，仮にそのいくつか提示されている接続語句がわかったとしても，今度は，そのセンテンスの文脈を勘違いしないで判断できるかということも絡んできます。

　さらに，「前後の意味はわかります」といっても，それにどれくらいの時間を費やさなくてはならないかという点でも，スコアーに大きく差がつくわけです。

　一般にTOEICで500点を取る人，600点を取る人，700点を取る人，800点を取る人，900点を取る人では，ここの瞬時の判断力に大きな差があるわけです。

　個人的には，この部分はその人の日本語の読解力，会話力とも大きく関わっていると思っています。

そこで例によって問題を解きながら学んでいきましょう。

STAGE 17 TOEICの永遠のテーマ〈接続関連：その①〉

Exercise 10

Directions: 以下の各センテンスを完成させるのに，（　　）内の正しいほうを瞬時に判断してください。

1. (Although / But) the software is out of date, Jerry managed to complete the analysis.

ここではButを選べませんね。理由をちゃんと言えますか？ まだ序の口なので簡単ですが，これをなめないでください。ちゃんと理由を言って。「意味で」じゃなくて。

これは，butという接続詞が，必ず前に文が必要だからです。

"～～～～～, but ～～～～～"

という形の文でないとおかしい。で，正解はAlthoughです。**これは though とか even though とも同じ**です。

このalthoughは，butと同じ接続詞ですが，**使い方が違います**。althoughは，その指す中身は，後ろをとるわけです。butと正反対。**「～だけど」**という意味ですが，その**「～」の部分は，although自身の後ろ**にある。この場合なら，the software ～ dateまでです。

<u>Although S+V</u>, <u>S+V</u>
　　従属節　　　主節

という構造になっています。この文の場合なら，「そのソフトは古かったけど(out of date)」ということです。

これがbutと違うところです。このalthoughは，もう1つ別の文

の構造を作ることもできます。

$$\underset{\text{主節}}{\text{S+V}} + \underset{\text{従属節}}{\text{although S+V}}$$

というふうに，主節と従属節を入れ替えてもオッケー。

butにはこんなことは許されません。必ず左から右側に流れていかないといけない。

Mr. Turner's firm is small, but it made a great profit last year.
　　　　　　A　　　　　　　　B

（ターナーさんの会社は小さいが，昨年大きな利益をあげた）

この場合，Bの文を先に持ってくることはできません。butはあくまでも前に文があってそのまま並列的につなげていけるだけです。

butのような接続詞を，その前後に**文法的に対等なもの**を置かなければいけないので，等位接続詞と言い，althoughのように，後ろに従属節を従える接続詞を従属接続詞，または従位接続詞と言います。先ほどの1番の問題をもう一度見てみましょう。

　Although the software is out of date, Jerry managed to complete the analysis.

改めて1番の正解はalthoughとわかりますね。文意は，「そのソフトは古かったけど(out of date)，ジェリーは何とか分析を完了した」です。ま，この場合は，意味なんかどうでもいいですけどね。見た瞬間にわからないといけない問題なんだから。

　ちょっとだけひねくれて考えてみましょうか。別にButでもいい

じゃん，と。前になんらか事情があったのかもしれないじゃんって。「私，butが文頭に出てくる文，何度も見たことあります！」なーんて，言ってみる。

確かにbutが Butになって文頭にくること，そりゃありますよ。でも，だめなんです，ここでは。なぜって，**TOEICのセンテンスは，全て"一文一意"の法則で出題されている**からです。

一文一意──これは僕が勝手に名づけたのですが，だいたいわかりますよね。つまり，1つの文で意味が完結していないといけない。だから，例えば，That is great. とかは，文法的には成立しているけど，TOEIC的にはダメなんです。なぜって，Thatって何よ，って話になるから。

だからここも同じ理由で，butにいくら勝手にこちらが想像力を働かせて意味を与えても，文としては失格なんです。

まとめると，接続詞は2つあって，

鉄則39
①**左から右へそのまま流れていくようにつなげる等位接続詞。**
②**接続詞自身の後ろの部分をさして意味付けする従属（または従位）接続詞。**

ま，言葉は適当に覚えておいてくれればいいです。そこで，**TOEICでまず初めに攻略しておいたほうがいいのは，等位接続詞**のほうです。具体的には5つあります。

5つの等位接続詞

① **but**

対立を表します。前と後ろが逆の内容でないとダメ。

② **and**

まさにこのまま。つなぐだけ。だけど，TOEICがいっちばん好きな接続詞の１つ。

③ **or**

当たり前ですけど，選択を示しますね。「AかBか，どちらか」という文脈で使われます。

④ **so**

これは通常，カンマが前に置かれ，"…, so ～"の形で文の後ろについて，「よって」を表します。「非常に」という副詞のsoもあるので気をつけて。

⑤ **for**

文の後ろにおいて付加的な理由を述べるときに使われます。"…, for ～"の形で使われます。非常に堅い，古めかしい言い回しなので，TOEICでの出題頻度は高いですが，正解頻度は低いです。わかりますか？ つまり接続関連問題の選択肢に入っていることは多いけど，実際にforが正解になることは少ないということです。気をつけてくださいね。期間を表す前置詞としてのforのお話ではありませんので。

STAGE 17　TOEICの永遠のテーマ〈接続関連：その①〉

では，次の問題です。(　　　)のどちらが正しいですか？

> 2. The new diet food is quite low in calorie (and / but) deficient in Vitamin E.

　正解は？「よくわからない」，「自信がない」ですね。これが先ほど言った「第2段階」ということです。

　butもandも等位接続詞であるということは先ほどやりましたからわかっていますよね。なので，この場合は，構造的にはどちらも入る。では，この場合は，まず何と何をつないで「等位」なのでしょう？

　前後の構造を見て，何と何がつながれているのかよく見ることです。low in calorieとdeficient in Vitamin Eというのをつないでるんですよね。もっと言うと，lowとdeficientをつないでいる。

　lowは「低い，少ない」という，……品詞は？ 形容詞ですね。まだ正解は言いません。だめ，正解をすぐに求めちゃ。だから伸びないんだから。考えないと。

andとbutは何と何をつなげるか？

　そこで，andとbutというのは，何と何をつなげるか，ですね。まずは。実は，この2つ，何でもつなげちゃう。例えば，

　① **名詞と名詞をつなぐ**

　　Junko enjoys speaking English <u>and</u> Chinese.
　　　　　　　　　　　　　　　　　名詞　　　　　名詞
　　（ジュンコは，英語と中国語を話すのが好きです）

215

Takao enjoys speaking not English but French.
　　　　　　　　　　　　　名詞　　　　　名詞

（タカオは，英語でなくフランス語を話すのが好きです）

② 形容詞と形容詞をつなぐ

Junko is intelligent and considerate.
　　　　　形容詞　　　　　形容詞

（ジュンコは，頭が良くて思いやりのある人だ）

Junko is rich but economical.
　　　　　形容詞　　形容詞

（ジュンコはリッチだけど倹約家だ）

③ 節と節をつなぐ

Junko works for a publishing company
　節
　　　　　　and Takao works for a book store.
　　　　　　　　　節

（ジュンコは出版社に勤めていて，タカオは本屋に勤めている）

Junko loves drinking Sake outdoors,
　節
　　　　but Takao loves tasting English tea at home.
　　　　　　節

（ジュンコは外で酒を飲むのが好きだが，タカオは，自宅で英国茶をたしなむのが好きです）

と，このようにいろいろつなげられるわけです。そこでもう一度，この2番の問題を見てみましょう。

The new diet food is quite low in calorie (and / but) deficient in Vitamin E.

この文は，lowという形容詞とdeficientという形容詞をつないで

STAGE 17 TOEICの永遠のテーマ〈接続関連：その①〉

います。なので，文法的には，andでもbutでもいいわけです。**ということは，意味をチェックしないといけない**ということですね。

　まずlowというと「低い，少ない」という感じでネガティブっぽいですが，ダイエット食の話です，ここは。ということは，いい意味で使われていますね。

　一方，**deficient**は「**不足している**」**というネガティブな形容詞**です。後ろを見ると，「ビタミンEにおいて（in ～）」とある。つまり，「このダイエット食は，カロリーは低くていいんだけど，ビタミンEが摂れません」てことです。よって，正解はbutということになりますね。

　こういう問題が連続すると，非常にスコアーに差がついていくわけです。いつも言っていますが，ここで出てきている英文の単語は全て覚えてくださいね。

　では，少し休憩的な問題を2問やってみましょう。

---

3. You can find me in the office (and / or) in the meeting room on Tuesday at 3 p.m.

4. Mary chose the font for the company newsletter, (or / and) Jim decided on the layout.

3.　正解は，or です。find me がカギです。「自分を…か～で，見つけることができますよ」ということですから，選択を意味する or が正解です。「火曜日の午後3時にオフィスか会議室にいますから」という意味ですね。

217

4. 文脈を見るとAさんが…して，Bさんが〜する，というだけの話。orにする意味がないですね。よって，単純に並べるだけのandが正解です。「メアリーは会社のニュースレター（社報）のフォントを選び，ジムはレイアウトを決めた」。

こういった単純な等位接続詞の問題が出題されるのも，TOEICの特徴です。では，次。

---

5. All employees in this department must leave by 6 p.m., (or / and) they will have to turn in an explanation in writing the next morning.

サラッと読んで，だいたいの状況がサッとつかめるかどうかが，第2段階の「文脈を考えないといけない問題」の特徴です。この場合，どんな内容でしょうか。

　まず，（　　　）の前までの前半部分は，mustが入っているので強い命令調の文になっているわけです。こういうところに目をつけられるかどうかが大事です。ボケッと平文的に英文を読まないこと。

　「全ての従業員は午後6時までにこの部署を出ないといけません」ということです。残っていてはダメ，残業禁止ということですね。ここを5秒で汲み取ることです。こういう命令調の文に続くのは，たいてい or である，ということを覚えていた人は，この時点でいい線いってます。

　"命令文＋or" の or は，「さもないと」という意味でしたね。念

STAGE 17 TOEICの永遠のテーマ〈接続関連：その①〉

のため後ろを読むと，翌朝に書面で(in writing)で，説明を(an explanation)を提出(turn in)しなければなりません(have to)と書いてあるわけです。つまり，もし午後6時以降になっても残ってダラダラ仕事をしているなら，なぜそんなことをする必要があったのか，翌日に理由を示しなさい，ということです。

　正解は or でした。文意は「全ての従業員は午後6時までに退出しなければいけません。さもなければ，翌朝に説明書の提出をしなければなりません」。

　では，次です。

---

6. My company made record profits last year, (so / but) we will get an extra bonus next month.

---

　soとbutは，意味が全く逆の等位接続詞の2つですね。が，この文の意味は簡単ですね。「去年，会社が最高に儲かったから，来月特別ボーナスがもらえるよ」ということですから，正解はsoになりますね。逆接のbutに対して，順接のsoでした。soもTOEICは好きです。

　では，次です。

---

7. Kathy has worked for the department for twelve years, (so / yet) she was passed over for promotion.

　キャシーは12年間働いてきたと。それで(　　)の後ろの文にはpromotionという，よさげな単語が見えるので，あ，昇進した

219

んだ，と思って，soを選んでしまうと見事にはまっちゃう問題です。

　問題は動詞のpass over。辞書で調べなくても，単語はある程度推測できないと。パスされちゃったわけですね。ジャパンバッシングじゃなくて，最近は"ジャパンpassing"なんて言われる，あのpassingです。パスされちゃったわけです。昇格できなかったわけ。

　よって正解は，butの意味をもつ yet という，ここでは接続詞になります。「キャシーは12年間，その部門で働いてきたが，昇進は見送られてしまった」という意味です。

意外と知らない接続詞yet

　さて，このステージでは，等位接続詞を扱っていますが，yet は初めに示しませんでした。この単語は，等位接続詞としては，一般には扱われておらず，一番多く使われるのは副詞としての yet だからです。

　ただ，yetは実際接続詞にもなり，等位接続詞のbutと同じように使われます。そして，頻繁にTOEICに登場するので，ここでは正解として扱った問題を提示してみました。但し，TOEICで頻繁に見かけるからといって，実際に yet が正解になる率は低いという現実がありますが。

　yetと聞いて，多くの人が連想するのは，「まだ〜ない」という否定の副詞の yet ですね。

　　John has not completed the job yet.
　　（ジョンはまだその仕事を終えていない）

STAGE 17 TOEICの永遠のテーマ〈接続関連：その①〉

　ただ，ここで覚えておいて欲しいのは，多くの参考書がほとんど扱っていない接続詞としての yet です。**正式に等位接続詞としては扱われていませんが，butと同じように使われるので，覚えておいてください。**

　では，最後です。

> 8. David couldn't use the copy machine, (for / and) it was out of toner.

　「コピー機を使えなかった」という前半の文と「トナーがなくなっていた（out of toner）」という後半の文をforとandのどちらでつなげるかです。

　後半の文が前半の文の理由を示しているので，**補足的な理由を述べる for** が正解ということになります。通常，前にはカンマが必要です。

鉄則40
- andとbut以外の等位接続詞も常に頭の片隅に置いておく。
- 等位接続詞同士の選択の段階になったら，文脈を見ないと解決しない。

　それでは実践問題です。3問連続でいってみましょう。ここまでやったら実践問題は簡単に感じるはずです。

　なので，1問の制限時間は30秒でいきましょう。

実践問題にチャレンジ ㉛〜㉝

31. The registration for the new condominium has already been closed, ------ we cannot accept additional applications.

(A) or
(B) for
(C) also
(D) so

32. At the end of two weeks of initial training, new employees will choose to specialize in sales, marketing, ------- distribution.

(A) for
(B) and
(C) but
(D) or

33. Seeking more stable market presence, AIM, Inc., will be innovating some of its operations regarding day-care centers, online classes, ------- food-delivery service.

(A) yet
(B) and
(C) for
(D) or

STAGE 17 TOEICの永遠のテーマ〈接続関連：その①〉

31. まず，全体の構造を見ましょう。初めに文がありますね。Sがregistrationで，動詞がhas been closedまで。そして，空所のあとも文。Sがweで動詞がaccept。

　学習のために消去法でやってみましょう。構造上，文と文をつなげないものが，1つだけあります。それは(C)alsoですね。基本的に，これは副詞です。文を文とつなげるなら，and alsoとかbut alsoという形になることが必要です。つまり接続詞が必要。

　副詞ですから，いったん前の文が完結して，この文のようにカンマではなく，ピリオドになっていたら，alsoは副詞として使えます。でも，**TOEICには，2つの独立したセンテンスをピリオドで出してくることは，あり得ません。**そこで，まず(C)が消えます。

　残りは，全て先ほどからやっている等位接続詞ですね。ということは，**構造上，"カンマ＋等位接続詞"という形は可能ですから，あとは文脈判断になります。**「registration（登録）がクローズされた」という文がまず前半です。後半は，追加の(additional)，申請書(applications)は，受け付けられない(cannot accept)とあります。

　ということは，空所には，「なので」を意味する接続詞が入ることになりますね。正解は**(D)so**。文意は「新しいマンションの登録はすでに締め切りました。よって，これ以上の申請は受け付けられません」。

32. At the end of two weeks of initial training, new employees will choose to specialize in sales, marketing, -------- distribution.

(A) for
(B) and
(C) but
(D) or

33. Seeking more stable market presence, AIM, Inc., will be innovating some of its operations regarding day-care centers, online classes, -------- food-delivery service.

(A) yet
(B) and
(C) for
(D) or

32. & 33. この2問については、一緒に解説したほうがわかりやすい。2つの問題に共通してる構造があること、見えましたか？

それは、空所の前後が"A, B, -------- C"という形になっているということです。まず、ここに気づいてください。このように並列的に並んでいる英文の形は、多くの参考書で例文が少し提示されている程度で、きちんと「並列」として扱ってくれていないのが現状です。だから、時折TOEICは狙ってきます。A, B,ときたら、次は、and か or になります。ありがちな形は、こうです

"A, B, and C"　または　"A, B, or C" です。

STAGE 17 TOEICの永遠のテーマ〈接続関連：その①〉

A，B，Cの3つは必ず同じ品詞でなければいけません。

　この場合2問とも名詞（句）ですが，形容詞の場合もあれば，動詞の場合もあります。また，Bの次にカンマはしてもしなくてもいいですが，TOEICで出題される場合は，たいてい原則としてカンマが付いています。そこら辺をヒントに並列を見抜けると最高です。

　さて両問とも選択肢にandとorがあるので，あとは意味が肝心。andとor以外を選んだ人は，勝手に想像してしまった人かもしれません。そこで，andかorかを判断するカギとなる単語を見つける。32番は動詞が肝心。choose（選ぶ）です。選択を表わす(D)のorが正解。文意は「2週間ある最初のトレーニングの最後に，新入社員は営業，マーケティング，流通のどれかを選択します」。

　今度は，33番。こっちは，より大きな文脈を見る必要があります。AIMという会社がいくつかの事業（operations）をイノベーション（革新）する予定です，という文です。そして前置詞のregarding（〜に関して）が付いています。前置詞の後ろには，名詞（句）がくるのが鉄則と覚えてしまってください。ここでは，3つの名詞句がついています。day-care centersとonline classesとfood-delivery serviceです。これらに関してイノベーションをするのですから，単純につなげるのが筋です。正解は，(B)andになります。文意は「より安定した市場でのプレゼンスを追求し，AIM社はデイケアセンター，オンライン授業，そしてフードデリバリーサービスを革新する予定である」。

鉄則41

TOEICは並列を時折出してくる。

では，ついでに駄目押しの1問を大サービス！「えー！」じゃなくて感謝しなくちゃあ（笑）。20秒で解いてください。

実践問題にチャレンジ㉞

34. The marketing team created a plan to boost product awareness ------- brand appeal before the holiday season.

(A) yet
(B) so
(C) also
(D) and

　丁寧に構造から。主語がteam。動詞がcreated。目的語がplan。それで目的を表す不定詞to boostがついていて，その動詞がboost。ブースト。promoteすること。盛り上げること。その目的語が，名詞句のproduct awareness（製品の意識化）。

　そして空所。そのあとにもう1つ名詞句のbrand appeal。読んで字のごとく，「ブランドのアピール」。この2つの名詞句が，boostの目的語として並んでいるのだから，正解は，(D)andということになります。

　簡単でしょ。でもこういうのこそTOEICの典型問題です。

　文意は「マーケティングチームは，ホリデーシーズンの前に製品の意識化とブランドアピールを向上させるための計画を立てた」。

STAGE 18

TOEICの永遠のテーマ
〈接続関連：その②〉

頻出の相関接続をサラッと

さて，ここは簡単です。4問連続でやってみましょう。

実践問題にチャレンジ ㉟〜㊳

35. During the holiday season, employees usually give ------- small gifts or greeting cards to the clients.

(A) both
(B) plus
(C) so
(D) either

36. Neither the increased competition ------- the shorter summer affected Funton Beverage's sales last quarter.

(A) never
(B) or
(C) however
(D) nor

37. For his years of service at Spitzer, Inc., Mr. Walker received ------- a lifetime achievement award and an attractive retirement package.

(A) not only
(B) either
(C) not
(D) both

38. From next year, more than half of Kidco's plastic toys will be manufactured for not only domestic markets ------- also international markets.

(A) if
(B) plus
(C) about
(D) but

　さて4問をいっきにやってもらいました。意図はわかりますね。**この4つがメインで頻出**だからです。他にもあるけど，今回の企画としてメインだけを扱います。これが出たら基本的には意味など関係なし。完全にゲームの世界。でも，意味が取れたほうが総合点アップの勉強としてはいいですけどね。

　この4問は表題の通り，**相関接続**の問題です。2回試験を受けたら一度は必ず出会うという類の問題をやりました。多いときには，1回に2〜3問出くわすほど頻度の高い問題です。

STAGE 18 TOEICの永遠のテーマ〈接続関連：その②〉

正解は，35〜38まで4つ共全て(D)です。意味は考えません。相関接続なので，何かがあれば，必ずこれ，と決まっているからです。1つずつ見ていきましょう。

---

35. During the holiday season, employees usually give ------- small gifts or greeting cards to the clients.

(A) both
(B) plus
(C) so
(D) either

正解は(D)。これは，**"either A or B"の相関接続**です。eitherが空所のときもあるし，orが空所のときもあります。**意味は「AかBのどちらか」**。この場合は，eitherが空所の問題で，挟んでいるのは，名詞句の2つ，small giftsとgreeting cardsです。

文意は，「休暇シーズン中は，従業員はたいていクライアントに小さなギフトかグリーティングカードを出す」。

---

36. Neither the increased competition ------- the shorter summer affected Funton Beverage's sales last quarter.

(A) never
(B) or
(C) however
(D) nor

229

正解は(D)。これは，**"neither A nor B"の相関接続**です。neitherが空所のときもあるし，norが空所のときもあります。**意味は「AでもBでもない」**。今回はnorが空所の問題で，挟んでいるのは，2つの名詞句，increased competition（競争の激化）とshorter summer（いつもより短い夏）です。

文意は，「競争の激化も，いつもより短い夏も，ファントンビバレッジの前四半期の売り上げに影響を与えなかった」。

---

37. For his years of service at Spitzer, Inc., Mr. Walker received ------- a lifetime achievement award and an attractive retirement package.

(A) not only
(B) either
(C) not
(D) both

正解は(D)。これは，**"both A and B"の相関接続**です。bothが空所のときもあるし，andが空所のときもあります。**意味は「AもBも両方」**。この場合は，bothが空所の問題で，挟んでいるのは，2つの名詞句，a lifetime achievement awardとan attractive retirement packageです。

文意は，「Spitzer Inc.への長年の勤務により，ウォーカーさんは，生涯達成賞と魅力ある退職金パッケージを受け取った」。

STAGE 18 TOEICの永遠のテーマ〈接続関連：その②〉

38. From next year, more than half of Kidco's plastic toys will be manufactured for not only domestic markets ------- also international markets.

(A) if
(B) plus
(C) about
(D) but

　正解は(D)。これは，**"not only A but (also) B"の相関接続**です。構文的には，alsoは省略してもよし，とされていますが，TOEICではきちんと入って出題されます。not onlyの両方，またはどちらかが空所のときもあるし，今回のようにbutが空所のときもあります。

　また，まれですが，alsoが空所の場合もあります。**意味は「AだけでなくBも」**。この場合は，butが空所の問題で，挟んでいるのは，2つの名詞句，domestic marketsとinternational markets.です。

　文意は，「来年からKidcoのプラスチック製のおもちゃの半分以上は国内向けだけでなく，海外マーケット用としても生産されます」。

　今回やった4つのメインの相関接続では，**AとBは必ず同じ品詞で並べる**ことが条件です。名詞なら名詞，形容詞なら形容詞，動詞なら動詞と。今回は，最も出る名詞句を並べてあります。

4つの相関接続の条件

以下においてAとBは**品詞において同じ要素であること**。
① either A or B …………「AかBのどちらか」
② neither A nor B …………「AもBもどちらも〜ない」
③ both A and B ……………「AもBも両方〜」
④ not only A but (also) B…「AだけでなくBも」
　　＊alsoは省略可能だが，TOEICでは通常残っている。

ちょっとお耳を！ "either A or B"の問題

　1998〜2003年頃は，"either A or B"を主語にして，AとBの両方が名詞という問題で，Aを複数，Bを単数にし，動詞を単数動詞にして「どっちが主語だ」みたいな問題が，旧PART 6に出ていましたが(旧PART 5にも)，そういう正解に関する意見が割れる類の問題は，2000年以降はほとんど登場しなくなりました。

　例えば，次の問題の場合は，動詞はどっちでしょう？

> Either Mr. Carter or his co-workers (is / are) invited to the banquet.
> (カーターさんか彼の同僚が，晩餐会に招待されています)

　一般には**動詞に近いほうが主語**として見なされ，この場合は，co-workers(同僚たち)と複数なので，**are**が正解なのですが，どちらの動詞を取るかということについては，**意見が分かれている**のが実情です。今後，今のTOEICに復活してきたら面白いですね。って，別に面白くないか。失礼(笑)。

STAGE 18 | TOEICの永遠のテーマ〈接続関連：その②〉

相関接続の落とし穴

　この相関接続には落とし穴があります。それは相関接続の問題が簡単であるがゆえに，無意識のうちに，「わかっている」と思ってしまうことです。それで意外にも本番で，ど忘れしてしまうことがあります。「あれ，どっちだったっけ？」と。これが怖いのです。

　だから何度も口にして自然に出てくるようにしておくべきなのです。

鉄則42　相関接続表現は，ど忘れが最大の敵。

233

STAGE 19

TOEICの永遠のテーマ〈接続関連：その③〉

従属接続詞 vs 他の品詞の関係

Stage 17と18で，等位接続と相関接続というテーマで学習しました。ここからは，さらに進んだ接続を扱っていきます。

さっそくこの問題をやってみましょう。

実践問題にチャレンジ㊴

39. ------- Daily Globe Newspaper's sales figures look impressive, sales targets have been lowered to allow for increased online readership.

(A) Just
(B) Even so
(C) Among
(D) While

知っていれば5秒，知らないと45秒かかる問題です。なぜ知らないと45秒かかるかというと，**試されている内容がわからない人は，ここでも反射的に意味をとろうとしてしまうから**です。結果，時間をかけなくていい問題に時間を使ってしまう。こうだろ

STAGE 19 TOEICの永遠のテーマ〈接続関連：その③〉

う，ああだろうと。

しかし，Stage 17でやったことを思い出してください。

〈第1段階〉構造だけで判断してみる。
〈第2段階〉文脈で考えて判断する。

でしたよね。

で，まずはこの問題の骨の構造から見ましょう。すると，こうなっています。

空所＋S(sales figures)＋V(look)...,
　　　　S(targets)＋V(have been lowered)...

典型的な複文，つまり"S＋V"というペアーが2つあるわけです。そこで空所には接続詞が入るべし，という当たり前の事実が出てきて，かつ，そこには，後ろに節を取れる，つまり従属接続詞がこないといけないということになります。

そこで(A)のJustから見ましょう。まずこれ，そもそも接続詞でしょうか。違いますね。これは副詞で「ちょうど」，形容詞で「正しい」ですね。だから文頭に来ちゃいけないってことはないけど，文と文をつなぐ役目は形容詞や副詞にはできないわけです。だからダメ。

(B)Even soはどうでしょう。副詞のevenとsoが合わさって，文法的にここに入るのは不可能です。soだけなら，接続詞としてよさそうですが，それでも，soは，そもそも等位接続詞ですから，前に文が必要ですし，また後ろに"従属節(Daily Globe Newspaper's sales figures)＋主節(sales targets have been lowered 〜)"という形を作ることができません。

　また，soはこの場合，evenという副詞と合わさっている副詞です。副詞のsoは「そのように」という前にあったものを指す意味を持ちます。

　一方，evenは副詞で「〜でさえ」という意味を持ったり，接続詞のifを伴って，even ifで「たとえ〜でも」を意味します。そこで，この2つが合わさると，「たとえそうであっても」というような意味になります。

　なので，何が「そう」なのかわからず，完全に文脈もメチャメチャです。よって×。「なんとなく」で選んでしまった人もいますね。

　続く(C)のamongですが，最も選ぶ人が少ない選択肢です。なぜって，**amongは前置詞**だから。「〜の間に」。**前置詞の次には，節(S+V)はこれない**でしょう。だからダメです。

　正解は残った(D)Whileです。これは**時や対比を表す従属接続詞**でTOEICのお気に入りの1つです。等位接続詞ではないですよ。意味は，2つ。

　　while: ①「〜であるが(一方)」　②「〜している間に」

　この①と②は，違いがはっきり出ない場合も多いので，その都度その文で解釈してください。

　こうして見て来ると，この問題の場合，**文の構造さえわかれば，意味なんてどうでもよく，従属接続詞を選べばいいだけだった**ということがわかりますね。接続詞が1個しか入っていない選択肢の問題が簡単なのは，この理由からです。

STAGE 19 | TOEICの永遠のテーマ〈接続関連：その③〉

　そしてもう１つ大事なのは，選択肢の中に誤答として，今挙げたような副詞が入っているということです。
　文意は，「デイリーグローブ新聞の売り上げ(sales figures)はよさそうだが(look impressive)，ますますオンラインで(新聞を)読む人が増えていることを考慮して(allow for)，販売目標(sales targets)は下げられている」。

> **鉄則43**
> - 従属節を作る接続詞は，前置詞や副詞と混ぜて出題されることが多い。
> - 接続詞が正解の問題の場合，もし他の選択肢が，副詞や前置詞なら，その働きさえマスターしておけば，意味を取らなくても除外できる選択肢があることがわかる。

　では，ここからは小さな練習問題を通して，TOEICの接続の要所を見ていきましょう。

Exercise 11

Directions: 以下の各センテンスを完成させるのに，(　　)内の正しいほうを瞬時に判断してください。1つずつついきましょう。

1. (Despite / Though) its superior picture and sound, the new DVD player isn't popular with customers.

さて，(　　)内の2つの単語は，これまで20年以上にわたってTOEICから愛され続けてきたものです。まずこれをクリアーしておきたいですよね。

文頭にあるのですから，全ての鍵は，当然(　　)の後ろにあるわけです。後ろは，名詞句になっていますね。動詞はどこにもありません。picture and soundですから「絵と音」です。

句とつながるのは，前置詞でしたね。ということは，正解は，Despiteということになります。これは「～にも関わらず，～だけれども」という意味の逆接の前置詞です。Thoughは，従属接続詞なので，必ず後ろが節(S＋V)でないといけません。瞬時に判断すべき問題でした。

意味は「その新しいDVDプレイヤーは，卓越した画像と音声にもかかわらず，あまり人気がない」。

では，次です。

STAGE 19 TOEICの永遠のテーマ〈接続関連：その③〉

2. (Because of / As) there are not enough seats for everyone, some of you will have to stand in the back.

　簡単ですね。（　　　）の後ろはthere構文なので，普通の文のように"S+V"にはなっていませんが，"V(are)+S(seats)"となっているので，立派な節になっています。正解は，Asです。
　asにはいろいろな意味があります。従属接続詞としては，
　　「〜ので(理由)」，「〜しながら(同時進行)」，「〜のとき」
です。**TOEICでは理由が最も多く出ます**。また前置詞としてなら，
　　「〜として」
ということで，役目が後ろに来ます。as manager(マネージャとして)。
　もう1つのBecause ofは，言わずもがな，理由を示しますが，**becauseが従属接続詞なのに対して，これはofがあるので，後ろは句が来ないといけません**。なので，今回は×ですね。
　文意は「全員が座れる席がないので，何人かは後ろに立っていなくてはなりません」。

3. (Whereas / Unless) Tommy went to Harvard for his MBA, Mike earned his at a small local college.

　そーら，ちょっと難しくなってきた。これは2つとも従属接続詞です。ということは？ そう，**意味で捉えないといけない**わけです。その前に，2つの従属接続詞の意味を知らないと。
　どっちかと言うと知られているのは右のほう。だからTOEICは

239

本番では左を狙ってくる。

　　unless「もし〜ないなら」＝if not
　　whereas「〜である一方」＝while

　文脈を見てみると，まず1つ目は，トミーはMBAを取りにハーバードに行ったと。もう1つの文は，どんな関連があるのか，と見ると「マイクは小さい大学で同じ学位をとった」と。ただ並べているだけなのだから，正解は，Whereasで十分ですね。

　念のため説明しておきますが，この場合のhisは，his MBAということですが，hisは代名詞の独立所有格ですから，hisだけでOKです。わからなかった人は代名詞のところをもう一度復習してくださいね。

　今度はおっきい問題。そう，実践問題でやってみましょう。

実践問題にチャレンジ ㊵

40. ------- Mr. Nachman has assumed the presidency, he will immediately implement strict budgetary control measures.

   (A) Once
   (B) Occasionally
   (C) Whatever
   (D) Usually

　この問題，文の中の単語レベルが急にアップしたと思いませんか？　そうです。でも，こういうところでビビっちゃダメです。
　まず第1段階は，構造だけに専念してみることでしたね。ここ

STAGE 19 TOEICの永遠のテーマ〈接続関連：その③〉

は，"空所＋S＋V，S＋V"という典型的な複文になっています。ここまではさんざんやっているのでわかりますね。

　そこで，この中で知っている単語から見ていきます。まず一番は，(D)のUsuallyですね。これは，「ふだんは」という副詞です。従属接続詞じゃないから，ここには入れませんね。

　次は，(B)です。lyで終わっているのだから，Stage 5でやりましたね。副詞です。だからこれもダメ。ちなみに意味は，「ときどき」(＝sometimes)です。こうして構造上の判断だけで選択肢があっという間に2つ消えてしまいます。TOEICでありがちな,「まずは4つから2つに絞れる」というタイプの問題です。

　今度はWhateverです。これはちょっと難しい。後ろに"S＋V"がくることは，確かに可能です。関係詞の1つで「～することは何でも，たとえ～しようと」を意味しますが，ここでは文脈が合いません。

　正解は，(A)のOnceです。2007年あたりから急増しているTOEICの好きな単語の1つでしょう。この once は，チト難しいです。onceは，まず1つは，よく知られた「かつて，一度」という頻度を表す副詞です。

　　I have **once** worked for Starbucks.
　　（私はかつてスタバに勤めていたことがあります）

のように。ですが，TOEICでは，副詞のonceは問題としては，あまり出ません。出るのは接続詞のonceです。「一度～したら」。今回もこっち。これには，「～するやいなや」(＝as soon as)というニュアンスが入っています。

この場合の文意は，「いったんナッチマン氏が社長に就任したら，彼はすぐに厳しい予算コントロールを実行する（implement）だろう」。

　では，再び小さい問題に戻りましょう。Exercise 11の続きです。

> 4. (Because/Due to) the unexpectedly heavy snow, most airlines have suspended their flights.

　最後がsnowです。この場合は，「雪」という名詞です。その前に副詞のunexpectedly（予想外に）と形容詞のheavy（ヘビーな）が付いています。何が付いていても最後は名詞に変わりはありません。ということは，前置詞を選ばないといけないということになります。正解は，toがついているほうのDue toになります。意味は「〜が原因で」。

　Becauseも，もちろん理由，原因を示しますが，これは従属接続詞なので，後ろに節（S＋V）がこないといけません。意味で考えてはいけないのです。よって，ここでは×です。意味は，「予想外にヘビーな雪のため，大半の航空会社は，欠航しています」。次です。

STAGE 19 | TOEICの永遠のテーマ〈接続関連：その③〉

> 5. (Once / While) I was in college, my parents frequently dropped in on me at my dorm to surprise me.

　さっきonceをやったからここもonceだ，とかね。または，その逆だ，とかね。変に機械的に考えないで，1問1問を新鮮な気持ちでやってください。
　この文ですが，もし仮に，my parents以降の文がなかったとしたら，onceを入れると，意味が成立します。

　　Once I was in college.
　　（かつて，私は大学にいた）

　これで十分です。この場合のonceは副詞ですね。が，副詞だったら，次に新しいセンテンスをつなげることはできません。やりましたよね，さっき。カンマだけでつなげるのはご法度。
　で，**今度は接続詞で，「一度～したら」という意味になるか。be動詞（この場合はwas）は状態しか示せないので，なりえません。「～する」という意味の一般動詞が来ないと**。それでまずonceは消えます。
　で，正解は，**While**です。意味は単純。「～している間に」です。**従属接続詞**。文意は「私が大学生だったとき（間），両親がしばしば私を驚かせようと寮に立ち寄った（drop in on）」。TOEICが大好きなwhileです。

今度は再び大きい問題。実践問題です。

実践問題にチャレンジ㊵

41. Jay Supplies opted to discontinue the product line ------- sales were slightly higher in the last quarter.

(A) so that
(B) besides
(C) by way of
(D) even though

まず**構造から判断します**。しつこいほど言いますが，意味じゃなくて。空所の後ろは"S(sales)＋V(were)"になっています。つまり**節**。ということで，まず群前置詞の(C)が消えますね。「～経由で」。意味的にも全然合いません。

次に(B)ですが，これは前置詞，または副詞なので可能性が低いと判断できます。

まず前置詞なら後ろには句がこないといけない。次に，もし副詞なら，確かに後ろに節は来れますが，通常は前に一度センテンスが完了していてピリオドになっていたり，セミコロン(;)になっていて，そのあとに「さらに」と付加情報を加えるので，ここでは構造的に難しい。

よって，**迷うべきは，(A)か(D)**です。(A)のso thatは，so … that ～ という，いわゆる"so that構文"と言われているのとは違う，もう1つの so that です。

これは**目的を表す副詞節**で，普通は，後ろに，"S＋助動詞＋V"

STAGE 19 TOEICの永遠のテーマ〈接続関連：その③〉

という形が来て，「Sが〜できるように」を意味します。ここでは全然意味的に合いません。

　正解は，(D)even thoughですね。evenはあってもなくても，そう意味に違いはありません。この会社は，opt toした，つまりdecideした（決めた）と。discontinue，つまりstopすることを。その生産ラインを。

　例えばパイオニアがプラズマから撤退を決めた，みたいなことを想像してください。で，空所以下は，売り上げが前四半期には，ちょっとよかったと。だけど，やめると言っているのです。だから正解は(D)ということになります。逆接ですね。

　なに，……もっとやりたい？　しょうがない（笑）。じゃあ，あと1問だけにします。そしたら休憩！　のど渇いた。しゃべり過ぎてます，はい（笑）。

実践問題にチャレンジ㊷

42. All items at Polar Net are shipped within two hours of receiving orders ------- customers use our on-line shopping system.

　　(A) as long as
　　(B) until
　　(C) whether
　　(D) whereas

　これはかなり高度な問題です。全て従属接続詞です。だから決

めるのは完全に意味になります。**TOEICは，ここに出ている全ての接続詞が好きで，本番ではどれが正解になるかわかりません。**だからどれが出てもいいようにしておいてくださいね。

　前半の意味は，「ポーラーネットでの全ての商品(All items)は，受注後2時間以内に発送されます(are shipped within two hours of receiving orders)」です。ここまでで一度文が切れます。

　後半の文は，空所から始まります。customers ～ 最後のsystemは，「お客様が我々のオンラインショッピングシステムを使う」という内容です。この意味と前半の意味をくっつけて考えると，**もし私たちのオンラインショップで買い物をしてくれる「なら」，**という文脈になるわけです。それなら2時間以内に出荷しますよ，という条件を意味する文脈です。

　よって，この選択肢の中に条件を表すifがあれば，それが正解でした。が，TOEICはそういう単純な出し方をしてくれません。正解は，ifと同じ意味を持つ，群接続詞の(A) as long asということになります。これには主に2つ意味があります。

　① **「～する限りは」(時間の条件付け)**
　② **「～さえすれば」(条件)**

　今回の場合は後者です。(B)untilは「～まで」を意味する前置詞と接続詞。(C)whetherは，接続詞で**「～かどうか」**と**「～であろうと」**の2つがあります。後者の場合は，or not が必要なので，ここではダメです。

　(D)のwhereasは，whileと一緒の側面を持ち，**「～である一方」**です。どれも合いません。大事だけど。

STAGE 19 TOEICの永遠のテーマ〈接続関連：その③〉

　以上，代表的な接続詞をやりました。頭にこびりつけといてください。もしこの類の問題が出たら，「長本がさんざん言ってたなあ」と思ってください。

　次にTOEICに出る基本の従属接続詞を簡潔にまとめておきます。これらの後ろには基本的に節（S＋V）がくるということ。同じ意味でも前置詞だったら，名詞（句）や動名詞などがくるということです。

TOEICに出る従属接続詞

① 逆接，あるいは逆接に近いもの

　　although＝though＝even though（〜だけれども），

　　while（〜である一方，〜の間に）

　　whereas（〜だが一方）

　　＊これらは前置詞のdespite, in spit of「〜にも関わらず」と意味は同じなので気をつけたい。

② 理由になるもの

　　since, because, as

　　＊これらは同じく理由の群前置詞であるbecause of, due toと意味は同じなので気をつけたい。

③ 条　件

　　as long as（〜する限りは）

　　even if, if, unless（もし〜ないなら）

　　＊so long asはTOEICにはほとんど出題されません。

④ 時

　　once（一度〜したら），until（〜するまで），when，
　　as soon as（〜するやいなや），before，after
　　＊beforeとafterは前置詞にもなるので注意。

コーヒーブレイク

TOEIC 授業の一風景

——TOEIC文法学習者の7大反応パターン

　うちの授業は結構生徒さんを当てます。当てることによって，その人に考えてもらいたいからです。当たることによって，人の前でミスして，そしてどんどん力がついてくるものだからです。

　しかし，……現実は甘くない。相手が大人になってくると，いろいろなセリフで，「当てる」という行為が，スベることがあります。ここでは，だいたい当てると，どんな反応があるのか，その生々しい姿の一部を公開したいと思います。

　うちの学校では講師が生徒さんを当てる場合，「選択肢の何を選んだか」，また「なぜそれを選んだのか」を聞きます。人が当てられた場合の，7大パターンを公開しましょう。

⭐ 第1反応パターン

　「意味で」と発言する人。なるほどね，意味で(B)が正解だと思ったわけですね。じゃ，どんな意味で？ と聞くと，今度は，ここから3派に分かれます。

　第1グループ——いきなり黙る。あの，今，「意味で」っておっしゃっ

たので，その，……意味をお聞きしているのですが……。「意味で」と断言する割に，いきなり黙秘権行使。

　第2グループ──「え〜っと，ん〜〜，これって……なんですよね」と，なにげにこちらに質問を入れ始めるタイプ。

　第3グループ──この人たちは，ミスを恐れない。堂々と全然違う意味を言う。でも，選択したものは合ってた，みたいな。

⭐第2反応パターン

　「なんとなく」と言う人。日本中のTOEICの授業で，この言葉がこだましているだろうよ。日本人が試験問題対策において最も使う最頻度フレーズが，この「なんとなく」ではないでしょうか。なんとなく，と言われちゃったら，こちらは説明しようがない。「なんとなく」がなくなって，間違えても説明するようになってくると，その人がいよいよ伸びてきているってサインです。

⭐第3反応パターン

　ニヤッと笑う人。この意味，いまだ研究中。

⭐第4反応パターン

　「これ，なんか聞いたことあるんで」って，自分の選択したものの正当性を言う人。静かに，でも，自信ありげに，言う。多くの場合，それは聞いたことのある単語を違う単語と勘違いしていたりする。みんな単語が混乱しているのだ。

⭐第5反応パターン

　「じゃ，〜さん」と自分が当てられてから，「わたし？」と自分で自分を指差す。いったいこの狭い教室で，あなたと同じ姓を名乗っている人が他にいるというのか。なのに，「ワタシ？」って，なにそれ。

⭐第6反応パターン

　「今，ちょっと調べたんですけど」と言う人。調べて答えるなっちゅうの。辞書は自分で復習するときに使うように。授業は白紙状態で，全力で「自力で」やらないとダメです。ちなみにそういう人は，私が説明して

も，さらに辞書を引く。「あなたを信用していません」と言われているような気持ちになる瞬間。

⭐第7反応パターン

いちいち「はい」と言う人。「田中さんどうですか」──「はい」。「あの，いいですから，『はい』は。答えを，お願いします」──「はい」，みたいな。

さらに，こちらが「どうして(B)にしましたか」と聞くと，「はい，(B)を選んだ理由ですよね」って，いちいち事実認定しなくていいから。で，最後は結局，「よくわからなかったんで～」って，うわあ。

いろいろいらっしゃいます。

STAGE 20

TOEICの比較
〈基礎編：その①〉

原則を思い出す作業から

　比較問題は，品詞や動詞の問題ほど多くは出ないものの，毎回，少なくても何らかの形で比較と関わる問題が，必ず1題は出題されます。小手先の傾向だけを知っていても，ちょっとひねられたらやられてしまうので，みなさんは土台をしっかり確認して進んでください。

　比較も昔やった記憶の思い出し作業です。みなさんは比較と聞いてどんな単語を連想しますか？

　　　more, most, than, better, -er, -est, ……

　そうです，その辺です。比較は整理してしまえば簡単。ここでポイントをおさえてしまいましょう。

比較の基本事項のおさらい

　このステージで学習するのは，「原級，比較級，最上級」の基本事項の確認です。簡単だと思うところは，どんどん流して聞いてください。

　というのも，これは比較だけに限りませんが，**多くの人はそれぞれの文法項目において，自分がよくわかっている部分とわかっていない部分がデコボコに存在している**ので，わかっているところにつ

いては，「わかってます，それは」となるものの，わかっていないところになると，一気に弱気になるということが多いのです。

なので，わかっているところは軽く流して，**知らなかったところだけ強く記憶に残すようにしてください。**

さっそく小さな問題をこなしていきましょう。

Exercise 12

Directions: 以下の各センテンスを完成するのに，（　　）内の単語がそのままでよければ○を，その単語の形をなんらか変える必要があれば×をして正しい形にしてください。その単語を削除することは当然できません。また，単語そのものを全く別の単語に変えることはできません。

1. This movie is as (interesting) as that one.

ここにingのついたinteresting という単語があります。「面白い，興味深い」という意味ですね。品詞は？ **形容詞**です。ingが付いた単語が全て形容詞というわけではありませんが，interestingは，有名な(？)形容詞です。

これまでやっているように，ingがついたら動名詞かもしれないし，現在分詞かもしれないし，名詞かもしれない。ただ，

as ～ as …

ときたら，真ん中に入れる単語は，なんと言ってもまずは形容詞が基本であるということを確認してください。意味は，「…と同

じくらい〜」でしたね。よって，このinterestingは○です。

よく使われるのが，ここにinterestingが入るのかどうか，簡単に理解する方法として，**asとasを取ってしまって，文が成立するかを見る**という方法があります。

This movie is interesting.（○）

「この映画は面白い」と。大丈夫ですね。よって，この文の意味は，「この映画は，あの映画**と同じくらい**面白い」です。後ろのoneは同じ単語を繰り返さない英語特有の言い方です。これを否定してみると，こうなりますね。

This movie is not as interesting as that one.
（この映画はあの映画**ほど**面白くは**ない**）

原級

さて，このinterestingという形容詞は，形が全く変わっていません。比較において，このようにある単語が素のままになっている場合，それを**「原級」**と呼びます。

原級＝その単語が変化しないままの素の形のこと

そして，それがasとasに挟まれて，「同じくらい〜」という意味を表す場合，それを一般には**同等比較**と呼びます。

ここは比較の一番最初の扉の部分です。TOEICはこの部分に焦点を当てた問題を出してくることは比較的少ないです。が，いつ，どういう形で出題されるかわかりませんので，覚えておいてください。

> **鉄則44**
> - 比較の英文は，まず形容詞が中心となってできている。
> - as 〜 as … は，「…と同じくらい〜」を意味し，同等比較と呼ぶ。

では，次。

```
2.   This software is ( easy ) to use than that one.
```

このeasyは，これで○。な〜んて，まさか考えなかったですよね(笑)。後ろにthanがあるんだから。

まず，easyは「簡単である」という形容詞ですね。こういう，それこそ易しい意味の形容詞をなめちゃいけません。TOEICは好きです，こういう単語こそ。

さて，thanです。文を必ず後ろまで見る癖をつけないと，本番ではもっと遠くにthanがあるかもしれません。

thanは非常に重要な比較の中の「比較級」を作るindicatorです。thanがあるということは，必ず「AがBより，より〜である」という文ができていないといけないということです。この場合なら，easyという形容詞を比較級に変えてあげないといけないわけです。

というわけで，どうしますか？ more easy ? more easier? どっちでしょう??

正解は，どっちも×です。正解は，easierですね。簡単にできた

STAGE 20 TOEICの比較〈基礎編：その①〉

人，知っていた人は，「まさかmore easyなんて言う人いないでしょう？」と思うでしょう？ いるんですよ，大勢！ みんな曖昧なの。こんな初期段階でさえ曖昧なのに，問題集だけ解こうとする人がたくさんいるんです。このように形容詞が変化して，「より〜」という意味を持つとき，それを比較級と呼ぶわけです。

　比較級には，形の上で，2つ，いや，正確に言うと3つのタイプがありましたね。

《形容詞の比較級：3タイプ》
タイプ① … -erという形をつけるもの。
タイプ② … "more＋原級"という形のもの
タイプ③ … 不規則変化するもの

　タイプ①の典型例が，いまやったeasyです。比較級は，easier。
タイプ②の典型的な形容詞は？ 先ほどやったinteresting。
　　interesting（原級）— more interesting（比較級）
それから日本人が大好きな，
　　difficult（原級）— more difficult（比較級）

　で，タイプ①とタイプ②を混ぜて勘違いしがちな例が，さっきのmore easyとか，more easierとか思っちゃうこと。これはダメね。
　数だけで見ると，タイプ①と②だけで，比較級の85%くらいを占めるので，かなり重要です。
　じゃあ，-er系とmore系はどうやって区別するの？
　あくまで大雑把に説明させていただくと，短い形容詞は-er系，長

い形容詞はmore系，くらいでいいと思います。もう1つは，口に出して言ってみる。例えばさっきのdifficultをdifficulterって言えるかあ？ 言えないっしょ，普通。

とは言っても，短くてもmore系もありますよね。例えばactive（活動的な）。こういうのは，形で覚えておいたほうがいい。-iveで終わっていたらmore系というように。TOEICでよく見かけるのは，以下のような語尾を持つ形容詞たちです。

more系の形容詞の代表例

① ----iveで終わる形容詞

　　innovative（革新的な），expensive（値段が高い）

② ----ent/antで終わる形容詞

　　efficient（効率的な），sufficient（十分な）

③ ----ingで終わる形容詞

　　encouraging（励みになる），challenging（やりがいのある）

④ ----fulで終わる形容詞

　　successful（成功した），useful（役に立つ）

　　careful（注意深い）

⑤ ----ible/ableで終わる形容詞

　　responsible（責任のある，功績のある）

　　acceptable（受け入れられる），dependable（頼れる）

⑥ ----ousで終わる形容詞

　　serious（真剣な，深刻な），generous（寛大な）

　　various（さまざまな）

STAGE 20 TOEICの比較〈基礎編：その①〉

●ちょっと😊お耳を！●"チッコイ"形容詞●●●●●●●

　実はTOEICの比較の問題はもう少し深いんです。ここでみなさんが普段教えてもらえないことを教えてあげます。

⭐人を惑わせる"チッコイ"形容詞

　TOEICには，先ほどのeasyみたいな短い形容詞の比較級がよく出題されると説明しました。実は**こういうチッコイほうが，長くて大きい形容詞よりも，かえって惑わせてくれる**んです。例えば，さっきのeasy。

　私は，easyの正しい比較級はeasierだと説明しましたよね。でもね，世の中広い。いつの世にも，「more easyでもいいんだ」と主張する輩(やから)が，ネイティブさんでも日本人でもいらっしゃる。つまり，**「more easyだって言うよ」と主張する人がいる**んですわ，これが。

　で，TOEICはどっちを採用すると思います？　もちろん正統派とされているeasierを正解とすると思うでしょ。それは，その通りなんです。がぁ……，誤答の選択肢として，more easyが入っている比較関連の問題は，実際結構，ある。「問題の品格」って本でも書こうかな（笑）。そういう問題の場合，一瞬，こっちかなって迷ったりしてしまう。勉強してない人は，簡単に引っかかったり，全然気づかなかったり。このチッコイ系の形容詞群は，**TOEICを受験する限り，絶対無視できない存在**なんです。むずかしめの形容詞は，ある意味，覚えるのが大変なだけでしょ。でも，チッコイ形容詞は，意味を知っているだけに，かえってやっかいなんです。

　例えば，こういうの。

---
easy, strong, weak, slow, fast, hard, hot, cold, high, low, large, small, early, long, short, deep, mild, harsh（粗い）など。

　それで，話を進めると，例えば，more easyの同類として，more hotとか，more strongとか，more largeとかが選択肢に入っていた

257

ら，どうするのか。

　hotで話を進めると，TOEIC側は，hotterが正式だけど，more hotでもOKと言う人が存在する可能性があることはわかっていると思われます。よって，more hotが選択肢に入っているとすると，他の選択肢に，hotterは，入れない。そんなことをしたら，「両方OKじゃないんですか」というクレームがくるからだと思われます。

　そしてさらに，正解は，hottestにするとかして，逃げる。つまり，仮にmore hotみたいな，ちょっとだけマユツバな表現が選択肢に入っているとしても，正解は全く別の形，説明したように，最上級のhottestとかにして，形容詞の比較級はありえないようにしてくるのです。

　以上のことから，TOEICが意図していることがわかると思います。一般に比較級は-er系とされている形容詞については，more系を使った比較級を正解にしたくないという意図です。

　ここんとこ，覚えといてください。こういう話，聞いたことないでしょ。みんな気づかないの。先生と言われている人たちも。

では，続きに戻ります。

タイプ③——不規則変化する形容詞

　次は，タイプ③の不規則変化する形容詞について。

　例えば，goodという形容詞の比較級はって聞かれたら？

　昔，僕は，今はなき某大手英会話学校に勤めていたネイティブの友達と，新宿の，とある居酒屋で飲んでいた。彼は，goodの比較級について，僕にこう言って教えてくれた。"それはgooderだ"と。笑いながら言う友達に僕は飲んでいたビールを吹き出しそうになった。

STAGE 20　TOEICの比較〈基礎編：その①〉

　だめですよね，gooderなんて。不規則変化をするんだから，「より良い」を示す比較級は，betterですね。他には，manyとmuch。それぞれ可算名詞と不可算名詞につく形容詞ですが，両方とも比較級はmoreです。

比較級のときはthanは常に必要？

　比較級のとき，thanは常に必要ですか？――そんなことはありません。例えば，

Now apartment buildings in Hong Kong are becoming more expensive.

という文の場合，「香港のマンション（apartment buildings）の値段は，より高くなっている」と言っているわけですが，これは(過去に比べて，これまでと比べて)という意味が入っていることは明らかですね。こういう場合，than ～ とわざわざ付けないわけです。

　こういうセンテンスがTOEICに出題された場合は，ちょっと高度な比較の問題と言えます。但し，出題率は，thanが入っている文が80％。ないものが，20％くらいです。

> **鉄則45**
> - 比較級には，-er系，more系，不規則変化系とある。
> - 比較級のindicatorであるthanを見落とさないこと。
> - 比較級の文には常にthanがあるとは，限らない。

では次。○ですか，×ですか。×ならどう直しますか？

---

3. Of the five candidates, Mr. Sawada is the (more suitable) to become president of the company.

---

　moreがついているけど，後ろにthanがない。thanが常にないといけないわけではありませんが，オーソドックスに考えれば，thanがないのに，moreという比較級があるのはおかしいと，まずは考えてください。suitableは，ableで終わっているので形容詞とわかります。「適切な」という意味です。

　そこで，最初の**Of the five candidates（5人の候補者の中で）という副詞句が大事**になります。ちなみにcandidates（候補者）はTOEICの再頻出単語の1つなので覚えてくださいね。

　このように**ある一定の集団や範囲，場所が示されて，それが3人とか3つ以上の比較の中で，その中の1つが「最も〜」と言う場合，最上級が登場する**わけです。

STAGE 20　TOEICの比較〈基礎編：その①〉

　　正解は，most suitableに直す，です。文意は，「5人の候補者の中で，澤田さんが社長になるのに最もふさわしいです」。
　　この形が最上級の定番です。まず知っておかないといけない基礎工事部分です。

　　＊ちなみに，ここをmore suitableのままでもいいとする人もいます。が，TOEICではダメです。

最上級の瞬時の見分け方は？

最上級のindicatorで，最も一般的なものは，次の2つです。
① theが付くということ。
② of か in で始まる前置詞句。

- "of＋複数の人やモノ（名詞や代名詞）"——allを伴うことも多い。

    He is the youngest of all the members.
    （彼がメンバーの中で一番若い）

- "in＋単数名詞の場所，集団"

    He is the youngest in that department.
    （彼がその部門で一番若い）

最上級には必ずindicatorがつく

　　比較級の場合は，thanがなくても，文脈から，比較されているもう一方を簡単に推測できるので，thanがない文も作れますが，最上級については，範囲や集団の限定が必要になります。そうしないと，「どこの範囲で一番〜なのか」が曖昧になるからです。

よって，どこかに**必ず最上級を伴う語句がある**のが普通です。

それではここで実践問題を2問やってみましょう。

実践問題にチャレンジ ㊸ & ㊹

43. Some staff members have agreed that it is ------- to use the ID key card than to wear an ID badge.

(A) simpler
(B) simple
(C) simpleness
(D) simplest

44. Based on the research findings that people work more ------- as group members, teams have become an integral part of business.

(A) produce
(B) productive
(C) productively
(D) production

43. 簡単だったと思います。比較の中の**比較級**の確認です。後ろにthanがあるので，比較級になるものを探すと，-erがついている(A)simplerしかありませんね。正解は(A)。

その原級が(B)simpleです。意味は「単純な，簡単な，容易な」

という形容詞です。(C)simplenessは，形容詞にnessを付けて，名詞にしています。(D)simplestは，-estで終わっている最上級ですね。

　文意は「スタッフの中には，IDバッジをするよりも，IDカードキーを使うほうが，簡単だと考える人もいる」。

44. 　この問題の場合，thanがなくても，すでに空所の前にmoreがあるので，比較級の表現であることはわかると思います。あとは何が入るのか。

　ここで(B)productiveを選んでいたとしたら，それは，甘い。機械的にやっている証拠。長本の出す問題を軽く考えたらあきまへん。(B)は----tiveで終わっているので形容詞ですが，ここに形容詞は入りません。形容詞の最も基本の位置は，どこでしたっけ？　またしてもStage 3の登場です。

　主に「be動詞と一部の一般動詞(remain, soundなど)の後ろ」と「名詞の前」でしたよね。この文の動詞は，work。これはbe動詞じゃない。一般動詞です。この場合は「機能する」という意味です。ワークする。

　一般動詞を限定できる，つまり修飾できるのは，副詞でしたね。moreを取ってみると，

　　people work productively（○）
　　（人は生産的に働く）

なので，正解は(C)productivelyということになります。
これまで比較は形容詞が主に変化する，というような話を中心に

してきたと思いますが，ここで比較には副詞も登場することを覚えていただくために，これまで副詞の話を敢えて出してきませんでした。

大事なことは，副詞も比較級として機能できること。そして，lyで終わる副詞の比較級，最上級には，more ― mostをつけるということです。ちなみにここのasは「～として」という，あくまで前置詞のasなので，as ～ as…のasではありません。

文意は，「人はグループのメンバーとしてのほうがより生産的に働くというリサーチによる発見によって，（現在）ビジネスにおいては，チームを組むということが不可欠になっている」。

ちなみに(A) produceは，動詞の原形。(C)はlyなんだから副詞。そして(D) productionは---tionで終わっているので名詞です。

鉄則46

- 形容詞に加えて，副詞も比較級，最上級を作ることができる。もちろん，"as＋副詞＋as"の同等比較も可能。
- lyの副詞が比較級になるときは，その副詞そのものは形を変化させず，その前にmoreをつけて比較級を作る。
- 比較の問題は，形容詞と副詞を混ぜて出してくる。動詞がカギを握る。

STAGE 21

TOEICの比較
〈基礎編：その②〉

比較級にこだわってみる──形容詞 vs 副詞

　前回のステージでは，原級，比較級，最上級の原則を確認しました。特に大事なことは，**比較には形容詞に加えて副詞も入ってくる**ということでした。

　「比較は形容詞と副詞が中心」と，いきなり結論を言われてしまうよりも，まずは形容詞から入り，副詞も入ることを，後で意識するほうが効果的だからです。

　形容詞と副詞の区別については，Stage 3〜5を通して，まずは比較以前の問題として扱いました。ここではそれを比較に応用して，どちらが正しいのかをより明確に認識していく練習をします。

　全てはスコアーアップのために。

Exercise 13

Directions: 以下の各センテンスを完成するのに，(　　)内の単語がそのままでよければ○を，変える必要があれば×をして正しい形にしてください。

1. The economist found the recent recovery of Steering Future Ltd. more (impressively) than that of any other company in his list.

　この問題が正当な理由で正解にできた人は，かなりの文法ツウです。すでにTOEICで730点以上の実力があるか，この項目だけ知っていたか。この文の動詞は，foundです。「見つけた」と。これの原形は，findですね。「見つける，悟る，わかる」。例えば，

　　I found my wallet.

といえば，「私は自分の財布を見つけた」ということですね。SVO。第3文型。一方，もし，

　　I found my wallet convenient.

と言ったら，どうなるのか。convenientは，「便利な」という形容詞です。この意味は，「私は，しばらくこの財布を使ってみて，便利だなとわかった」ということですね。

　「わかった」という意味のfoundです。第5文型。SVOC。「OがCであるとわかる」。Cは大抵は形容詞，たまに名詞。OとCの間に，意味上は，次のような文が隠されています。

STAGE 21 | TOEICの比較〈基礎編：その②〉

<u>my wallet is convenient</u>
　　　　　　　形容詞

　では，この1番の文やいかに。そのエコノミストは，foundしたと。何を？ 目的語は長い名詞句になっています。the recent ～ Ltd. まで，「この会社の最近の回復を」ということです。impressivelyは，形容詞のimpressive（印象的な）の副詞です。impressiveというのは，簡単に言えば「すごい」という意味ですね。例えば，

　This book is impressive.
　　「この本は印象的だ」→「この本は印象に残る」
　　　　　　　　　　　→「この本はすごい」

　形容詞か副詞かというのが肝心なので，ここでは（　　　）の前後にあるmore とthanは外して考えてください。すると，このエコノミストさんは，ある会社の回復を，「すごい」と思ったんですよね。「印象的に（impressively）見つけた」なんて，言えないでしょ。

　よって，正解は形容詞の*impressive*に直す，です。文意は「そのエコノミストはステアリングフューチャー社の最近の回復は，彼のリストの中のどの会社の回復よりも目を見張るものがあると思った」。

　ちなみに後ろの that は，recoveryのことです。同じ単語を繰り返して言わない比較特有の言い方です。

鉄則47 その動詞が，そのセンテンスの文脈上，SVOの動詞なのか，SVOCの動詞なのかを判断すること。

では，次です。

2. Mike's prediction has proved more (accurate) than Mr. Norton's.

不安第2号。"いったいどっちなの編——パート②"みたいな問題です。これも動詞に関わってきます。prove。これには，主に2つの機能があります。

動詞proveの用法

① **他動詞**として，「～を証明する」。SVO。

＊SVOCになることもあります。

He proved his <u>ability</u>.（彼は，自分の能力を証明した）
　　　　　　　目的語

＊この場合，必ず目的語が必要。

② **自動詞**として，「～と判明する，わかる」。間にto beが入ることもあれば省略されることもあります。これは，～の部分に，通常は形容詞が必要。

STAGE 21 TOEICの比較〈基礎編：その②〉

The plan has proved (to be) <u>difficult</u>.
　　　　　　　　　　　　　　　<u>形容詞</u>

（その計画は難しいことがわかった）

　そして2番のセンテンスをもう一度見ると，目的語がない。よって，自動詞のproveであることがわかります。ということは，後ろは形容詞のままでいいということになります。
　意味がわからなくても，accuratelyとlyが付いていないのだから，これでOKとわかります。よって，正解はこのままで○。accurateは「正確な」。
　文意は，「マイクの予想は，ノートンさんの予想よりも正確であることがわかった」。
　お次。

> 3. Mr. Johnson, Ark Corp's senior accountant, examines expenses as (frequent) as possible.

　ジョンソンさんという人を説明しているのが，カンマで挟まれた名詞句。これを同格と言います。「この人は，アーク〜という会社の上級会計士で〜」ということです。
　さて，後ろは，as 〜 as possibleという表現です。「できるだけ〜」という意味ですね。ここを取っ払って考えましょう。すると，examines expenses frequent と言えるか，ということです。
　frequentは，「しばしばの」という形容詞。それに対して，lyをつけてfrequentlyとすると，「しばしば」という副詞になります。

oftenという頻度の副詞と同じ意味。

そこで動詞をチェックしましょう。examineです。「～を詳しく調べる」という一般動詞です。他動詞。目的語はexpenses（支出）。ということは，この examineという動詞を修飾できるのは，副詞が適切ということになるので，正解は，frequently に直す，です。

文意は，「アークコープのシニアアカウンタントのジョンソン氏は，できるだけ頻繁に支出をチェックする」。asとasの間には，副詞も入るという例でした。

次は，これ。

---

4. Ms. Barnet can solve the problem (more easily) than Mr. Vanguard.

だいぶ慣れてきましたか？ またまた登場です。この単語。easy系。果たして○か×か。「バーネットさんのほうが，バンガードさんよりも～」という文です。

ここもmore とthanを除いて考えてみましょう。するとsolve the problem easilyで，「簡単に問題を解決できる」という形になり，easyという形容詞の副詞であるeasilyは，solveを修飾していることがわかります。よって正解はこのままで○。

lyが付いた副詞は，moreを付ければそのまま比較級になるんでしたね。さっきやったばかり。ここでmore easyとか，easierに直した人は，ぜ～んぜん話を聞いていない人です。

STAGE 21 TOEICの比較〈基礎編：その②〉

> 5. The two firms are now competing (hard) for market share, but with very different strategies.

　まず，驚くべきことに，ここをhardlyに直す人が世の中に大勢いらっしゃる。なんでも ly つけりゃいいってもんじゃないの。

hardには，2つの品詞があります。形容詞と副詞。

　Keiko is a hard worker.
　　　　　　形容詞

　Keiko works hard.
　　　　　　　副詞

　両方とも，「彼女はガンガン働く（人だ）」という意味です。
　でも，hardlyにすると，「否定副詞」という，否定の意味を持って動詞にかかってしまう。TOEICがあまり興味を示さない副詞になってしまいます。受験英語の世界。まれに出ることもありますけど。

　She hardly works.
　（彼女はほとんど働かない）

　お金持ちなのか，怠慢なのか知らないけど，とにかくこういう意味になってしまいます。それに，この否定の副詞は，普通は，動詞の前に来ます。だからそういう意味でも，この問題のhardをhardlyには変えられないし，意味的にもおかしくなってしまいます。よって，hardの副詞はhardlyだと思わないこと。
　比較級にするかどうかの判断と，それを形容詞で表現するのか，それとも副詞で表現するのかは，動詞を中心として文脈を見ないといけません。

ここでは、「2つの会社がマーケットシェア争いをしている」と書いてあります。それも「必死に」(hard)。で、**hardは副詞にもなるんだから、competingという動詞にかかって、このままで全然問題ありません。**

よって正解は**このままで○**ということになります。なーんもいじることなか(笑)。

ただね。harderにしてもいい。つまり、より一層頑張っている。今まで以上に、という意味で、比較級にしてもいいです。**それがわかっていて、harderにできた人はすごいです。**でも、このままでも問題なしですね。そういうことです。

中には、more hardlyとかね、more hard、more harderとかね、わけわかんないことしちゃっている人もいるみたいですけど、ここで学んでください。

次。

---

6. The president of Proud Engineering is more (optimistically) about the future than anyone else in the company.

この単語を形だけで判断すると、副詞ですね。lyで終わっているんだから。前後を見ると、前にmoreがあって、後ろにthanがあります。

動詞は、be動詞です。"be動詞＋副詞＋前置詞句(about 〜)"という形は、ないですね。正解は、形容詞の**optimistic**に直す、です。意味は「楽観的な」。副詞は、「楽観的に」。

STAGE 21 TOEICの比較〈基礎編：その②〉

文意は、「プラウドエンジニアリングの社長は、社内の誰よりも将来に対して楽観的である」。

---

7. We must keep our operations across the country as (securely) as possible in order to maintain the high level of production.

今度はasとasで挟まれた原級の副詞(securely)が入っている問題です。これも他と同じように、2つの as を取って考えます。

securelyは、副詞。形容詞は、lyを取ってsecure。名詞は、security。日本語でもホームセキュリティーなんて言いますね。「安全、安心、安定」。

さて、動詞のkeepと関連付けられるのはどれでしょう？ Stage 3の第5文型の例文を覚えていますか。**例文を覚えてしまうくらいに暗記することが英語上達の秘訣の1つです。**

この動詞は、SVOCという第5文型を取れるのでしたね。もちろんSVOの第3文型もとれますが。そこで文脈が大事になってきます。

文がどんなに長くても、構造を見ること、**骨組みだけを見る目**を養ってください。

　　We keep operations securely
なのか？ あるいは、

　　We keep operations secure
が正しいのか？ という問題です。

operationsは、TOEICが大好きな単語で、business活動を意

273

味したり，事業所などを意味する名詞です。「軍事行動」なんて意味もありますが，そんな意味の単語としてはTOEICには出ません。

そこで，keepという動詞は，目的語に名詞が来る場合は，普通「～をどこどこに置いておく」という意味で使われます。が，この場合は，事業活動なので，keepは，「～の状態にしておく」という意味が最適です。よって，第5文型のほうが正しいということになります。

正解は，形容詞のsecureに直す，です。文意は「生産レベルを高く維持するために，我々は全国の事業活動を安全に保たなければならない」。

それでは最後に実践問題をやってみましょう。1問20秒で解いてください。合計で40秒です。必ずタイムを計ってください。本番でいつも時間がない自分から脱却する訓練を積んでください。

STAGE 21 TOEICの比較〈基礎編：その②〉

実践問題にチャレンジ ㊺ & ㊻

45. The bottle design of the popular supplement, RS Dynamo, conveys an image of physical ------- with attractive use of colors.

(A) strength
(B) stronger
(C) strongly
(D) more strong

46. Horizon Medical School is using the online self-learning program ------- than before in order to accommodate increasing local needs.

(A) more extensive
(B) extensively
(C) more extensively
(D) most extensively

45. この問題，まさか(B)とか(D)，選んでないですよね？ ここは比較の項だから比較が正解に違いない，なーんて，考えてませんね？ 比較がわかっているということは，比較が入った選択肢が当てはまらない問題もできるということです。この文は，構造的には単純で，S(design)＋V(conveys)＋O(image)で，できているだけです。最後の目的語imageに前置詞のofが付いているので，後ろには最後に名詞がほしい。その前がphysicalというcalで終わっている形容詞があるのですから，あとは名詞がくるだけ。

275

正解は(A)strength(強さ)になります。ここに副詞の(C)strongly は入りませんし，(B)や(D)の比較級は場所的に絶対に無理です。文意は「人気のサプリメントRSダイナモのボトルデザインは，さまざまな色を使って魅力的に体の強さというイメージを伝えている」。

46.　この文も構造を見るとSVOです。骨だけ見れば，School is using programですね。そして，後ろにthanがあるので，比較級とわかりますね。よって，まず単なる副詞の(B)と最上級の(D)が消えます。残った(A)は，形容詞の比較級。(C)は，副詞の比較級です。こういう時は，moreを取って，than以下を見ないで考えましょう。すると，動詞のis usingに意味付けするのは，どれかということになります。それは副詞でしたね。よって，正解は(C) more extensivelyということになります。

　文意は「ホライズンメディカルスクールは，増加する地方のニーズに応えるため，以前よりも広範囲に渡り，オンラインの自己学習プログラムを使っている」。

STAGE 21　TOEICの比較〈基礎編：その②〉

● ちょっと　お耳を！　● 形容詞と副詞が同じ形の語 ● ● ●

　例えばね，slowっていう単語があるでしょ。この単語は，形容詞です。He is slow.（彼は遅い）。例えば返事とか仕事がね，遅いと。

　これの副詞は，slowlyです。例えば，

　　He speaks slowly.

　　（彼はしゃべるのが遅い）

　じゃあ，これは言えるかな？

　　He speaks slow.

　正解は○。**なぜって，slowはそのまま副詞にもなるから。数は少な**いんですけど，一部にこういう単語があるんです。**形容詞にも副詞にもなれる**。

　で，slowは，普通どのように変化するかと言うと，

　　slow － slower（比較級）－ slowest（最上級）

と変化するわけです。で，slowlyのほうは，こういう変化になる。

　　slowly － more slowly － most slowly

　じゃ，もし問題の核心部分が，以下のようなセンテンスと選択肢だったら，どうするのか。

　　Kenji speaks ------- than Keiko.

　　（ケンジはケイコよりもしゃべるのが遅い）

　　(A) more slowly

　　(B) slower

　(A)が正解というのは，わかりますよね。lyが付いているんだし，speakにかかるわけだから。でも，**(B)だって正解**なんです。だって，(B)も副詞で，その比較級だから。

　ということで，**結局，こういう問題は出ない**，ということなんです。よーく見てみて，本番の試験でもし比較の文でこういうのに出会ったら。その代わり，完全なる誤答として，more slowerというよ

うにmore系とer系をミックスして出してくることさえあります。心しておいてください。ただ，いつもそういうきわどいのばかり出るわけではありませんので，念のため。オーソドックスな問題も多いです，はい。

形容詞と副詞が同じ形の語の例

＊がついているのは，lyがついて副詞にもなります。
*quick, fast, *slow, hard, low, early, *direct, long

以上で，TOEICの比較〈基礎編〉のお話を終わります。

　　　　　　　＊　　　　＊

● 終わりに──

　最後までお読みいただきありがとうございました。本書は，私の学校で日々行っている教材の中の一部を使って，できるだけ実際の授業を再現するように配慮しながら制作したものです。問題を解く量としては，どうしても授業に勝るものはないため，圧倒的に少ないものの，コアーな要素はほぼ網羅されています。

　この本を少なくとも2度は読んで浸透させ，あなたの英語力が少しでも向上できることを祈っています。

TOEIC®・TOEFL®特化型スクール　ARE
代表 長本吉斉

長本 吉斉（ながもと よしなり）

明治大学商学部卒。TOEIC®・TOEFL®特化型専門スクール ARE主宰。複数の英語学校で教鞭を取った後，平成4年に独立，少人数制英語塾AREを設立，現在に至る。これまでの著作は累計60万部を突破，読者目線に立った丁寧で洞察溢れる解説で，幅広い層から圧倒的な支持を集めている。地方の人対象のオンライン講座を進めながら毎週教壇に立ち，少人数の授業を継続している。他の著作に，初回受験者だけでなく，かなりの高段者からも支持を集める対策書『必携！はじめての新TOEICテスト 完全攻略バイブル』（PHP研究所）があり，ネット書店上では常に公式問題集と第1位の座をめぐって競り合う唯一の市販本の地位をキープしている。

● AREのウエブサイト　www.are-school.co.jp

TOEIC®テスト 650点突破！ 文法講義の実況中継

2011年2月25日　第7刷発行ⓒ　　　　　（定価はカバーに表示）

著　者　長本吉斉
発行人　井村　敦
発行所　㈱語学春秋社　東京都千代田区三崎町2-9-10
　　　　　　　　　　　TEL (03) 3263-2894
　　　　　　　　　　　http://goshun.com
　　　　　　　　　　　こちらのホームページで，商社の出版物ほかのご案内をいたしております。

印刷所　文唱堂印刷

ISBN978-4-87568-698-9

デザイン　トーキョー工房　　　　落丁・乱丁本はお取替えいたします。

聞けば「わかる！」「おぼえる！」「力になる！」
スーパー指導でスピード学習!!

実況中継CD-ROMブックス

山口俊治のトークで攻略 英文法
- Vol.1 動詞・文型～名詞・代名詞・冠詞
  練習問題（大学入試過去問）＆CD-ROM（音声収録600分）
- Vol.2 形容詞・副詞・疑問詞～出題形式別実戦問題演習
  練習問題（大学入試過去問）＆CD-ROM（音声収録600分）

出口汪のトークで攻略 現代文
- Vol.1 論理とはなにか～記述式問題の解き方
  練習問題（大学入試過去問）＆CD-ROM（音声収録500分）
- Vol.2 評論の構成～総整理・総完成
  練習問題（大学入試過去問）＆CD-ROM（音声収録500分）

望月光のトークで攻略 古典文法
- Vol.1 用言のポイント～推量の助動詞
  練習問題（基本問題＋入試実戦問題）＆CD-ROM（音声収録600分）
- Vol.2 格助詞・接続助詞～識別
  練習問題（基本問題＋入試実戦問題）＆CD-ROM（音声収録600分）

石川晶康のトークで攻略 日本史B
- Vol.1 古代～近世日本史
  空欄補充型サブノート＆CD-ROM（音声収録800分）
- Vol.2 近現代日本史
  空欄補充型サブノート＆CD-ROM（音声収録800分）

青木裕司のトークで攻略 世界史B
- Vol.1 古代～近代世界史
  空欄補充型サブノート＆CD-ROM（音声収録720分）
- Vol.2 近現代世界史
  空欄補充型サブノート＆CD-ROM（音声収録720分）

浜島清利のトークで攻略 物理Ⅰ・Ⅱ
  練習問題（入試実戦問題）＆CD-ROM（音声収録600分）

定価 各冊1,575円（税込）
※CD-ROMのご利用にはMP3データが再生できるパソコン環境が必要です　2011年3月現在

実況中継CD-ROMブックスは順次刊行いたします。

既刊各冊の音声を聞くことができます。

http://goshun.com　　語学春秋　　検索

〒101-0061　東京都千代田区三崎町2-9-10　TEL.03-3263-2894